LE
LIVRE DU COLON

LE
LIVRE DU COLON

RECUEIL
DES PRIÈRES QUOTIDIENNES
ET DES OFFICES DU DIMANCHE

SUIVI

DE QUELQUES CONSEILS PRATIQUES POUR LES JEUNES DÉTENUS

PAR

L'ABBÉ CH. MOISAN

AUMÔNIER DE LA COLONIE DE METTRAY

DEUXIÈME ÉDITION

EN DÉPOT

A LA COLONIE DE METTRAY

(INDRE-ET-LOIRE)

1898

RAPPORT

DE M. LE CHANOINE DE BELLUNE

Ce livre est destiné aux jeunes détenus de la colonie de Mettray, ou d'établissements analogues. C'est dire qu'il a un caractère tout spécial. La première partie est un recueil de prières, contenant la sainte Messe, l'office des Vêpres, les prières du matin et du soir, les actes avant et après la communion, etc. La seconde partie contient une série d'instructions appropriées aux besoins et à la situation du jeune colon. Les titres seuls de ces instructions : le Présent, l'Avenir, le Respect, le Travail, la Prière, etc., suffisent à montrer combien les sujets sont heureusement choisis.

On ne saurait trop féliciter M. l'abbé Moisan d'avoir entrepris et mené à bien un tel travail, véritable œuvre de charité spirituelle envers ces pauvres enfants dont l'âme a tant besoin d'encouragement et de secours. Ce livre, on peut l'espérer, franchira les murs de Mettray et ira porter dans d'autres asiles les bienfaisants enseignements qu'il renferme; il sera le meilleur soutien et le meilleur guide du pauvre détenu, soit qu'il demeure dans la colonie, soit qu'il la quitte pour commencer une nouvelle vie.

J. DE BELLUNE,

Chanoine.

Imprimatur.

Tours, le 26 février 1894.

† GUILLAUME-RENÉ, CARDINAL MEIGNAN,
ARCHEVÊQUE DE TOURS.

PRIÈRES QUOTIDIENNES

Chaque matin et chaque soir les colons récitent en famille les prières suivantes.

✝ Au nom du Père, et du Fils, et du Saint-Esprit. Ainsi soit-il.

Mettons-nous en la présence de Dieu, et adorons-le.

Notre Père, qui êtes aux cieux, que votre nom soit sanctifié, que votre règne arrive, que votre volonté soit faite sur la terre comme au ciel.

Donnez-nous aujourd'hui notre pain quotidien, pardonnez-nous nos offenses, comme nous pardonnons à ceux qui nous ont offensés, et ne nous laissez pas succomber à la tentation ; mais délivrez-nous du mal. Ainsi soit-il.

Je vous salue, Marie, pleine de grâces,

le Seigneur est avec vous; vous êtes
bénie entre toutes les femmes, et Jésus,
le fruit de vos entrailles, est béni.

Sainte Marie, Mère de Dieu, priez pour
nous, pauvres pécheurs, maintenant et
à l'heure de notre mort. Ainsi soit-il.

Je crois en Dieu, le Père tout-puissant,
créateur du ciel et de la terre, et en
Jésus-Christ, son Fils unique, notre
Seigneur, qui a été conçu du Saint-Esprit,
est né de la Vierge Marie, a souffert sous
Ponce Pilate, a été crucifié, est mort et
a été enseveli; est descendu aux enfers,
le troisième jour est ressuscité des morts,
est monté aux cieux, est assis à la droite
de Dieu, le Père tout-puissant, d'où il
viendra juger les vivants et les morts.

Je crois au Saint-Esprit, la sainte
Église catholique, la communion des
Saints, la rémission des péchés, la résurrection de la chair, la vie éternelle. Ainsi
soit-il.

Je confesse à Dieu tout-puissant, à la
bienheureuse Marie toujours vierge, à
saint Michel Archange, à saint Jean-Baptiste, aux saints Apôtres Pierre et Paul,

à tous les Saints (et à vous, mon Père),
que j'ai beaucoup péché par pensées,
par paroles et par actions: c'est ma faute,
c'est ma faute, c'est ma très grande faute.
C'est pourquoi je supplie la bienheureuse
Marie toujours vierge, saint Michel
Archange, saint Jean-Baptiste, les saints
Apôtres Pierre et Paul, tous les Saints
(et vous, mon Père), de prier pour moi
le Seigneur notre Dieu.

ACTE DE FOI

Mon Dieu, je crois fermement tout ce
que la sainte Église catholique m'or-
donne de croire, parce que vous, ô mon
Dieu, qui l'avez révélé, vous êtes la
vérité même.

ACTE D'ESPÉRANCE

Mon Dieu, j'espère avec une ferme
confiance que vous me donnerez, par les
mérites de Jésus-Christ, votre grâce en
ce monde, et si j'observe vos commandements, votre gloire dans l'autre, parce
que vous l'avez promis, et que vous êtes
fidèle dans vos promesses.

ACTE DE CHARITÉ

Mon Dieu, je vous aime de tout mon cœur, plus que toutes choses, parce que vous êtes infiniment bon, infiniment aimable, et j'aime mon prochain comme moi-même pour l'amour de vous.

ACTE DE CONTRITION

Mon Dieu, j'ai un extrême regret de vous avoir offensé, parce que vous êtes infiniment bon, infiniment aimable, et que le péché vous déplaît; je fais un ferme propos, moyennant votre sainte grâce, de ne plus vous offenser et de faire pénitence. Ainsi soit-il.

LES COMMANDEMENTS DE DIEU

1. Un seul Dieu tu adoreras,
   Et aimeras parfaitement.
2. Dieu en vain tu ne jureras,
   Ni autre chose pareillement.
3. Les dimanches tu garderas,
   En servant Dieu dévotement.
4. Tes père et mère honoreras,
   Afin que tu vives longuement.

5. Homicide ne commettras
   De fait ni volontairement.
6. Luxurieux point ne seras
   De corps ni de consentement.
7. Le bien d'autrui tu ne prendras,
   Ni retiendras à ton escient.
8. Faux témoignage ne diras,
   Ni mentiras aucunement.
9. L'œuvre de chair ne désireras
   Qu'en mariage seulement.
10. Biens d'autrui ne souhaiteras
    Pour les avoir injustement.

LES COMMANDEMENTS DE L'ÉGLISE

1. Les fêtes tu sanctifieras
   Qui te sont de commandement.
2. Les dimanches messe entendras,
   Et les fêtes pareillement.
3. Tous tes péchés tu confesseras
   A tout le moins une fois l'an.
4. Ton Créateur tu recevras,
   Au moins à Pâques, humblement.
5. Quatre-Temps, vigiles, jeûneras,
   Et le carême entièrement.
6. Vendredi chair ne mangeras,
   Ni le samedi mêmement.

OFFICES DU DIMANCHE

GRAND'MESSE

ASPERSION DE L'EAU PENDANT L'ANNÉE

Asperges me, Domine, hyssopo, et mundabor: lavabis me, et super nivem dealbabor.

Ps. Miserere mei, Deus, secundum magnam misericordiam tuam.

℣. Gloria Patri, et Filio, et Spiritui sancto : Sicut erat in principio, et nunc et semper, et in sæcula sæculorum. Amen.

℣. Ostende nobis, Domine, misericordiam tuam.

℟. Et salutare tuum da nobis.

℣. Domine, exaudi orationem meam,

℟. Et clamor meus ad te veniat.

℣. Dominus vobiscum,

℟. Et cum spiritu tuo.

OREMUS

Exaudi nos, Domine sancte, Pater omnipotens, æterne Deus ; et mittere digneris sanctum Angelum tuum de cœlis, qui custodiat, foveat, protegat, visitet atque defendat habitantes in hoc habitaculo. Per Christum Dominum nostrum. ℟. Amen.

Pendant le Temps pascal.

Vidi aquam egredientem de templo a latere dextro, alleluia.; et omnes ad quos pervenit aqua ista salvi facti sunt, et dicent : Alleluia, alleluia.

Ps. Confitemini Domino , quoniam bonus, quoniam in sæculum misericordia ejus. ℣. Gloria Patri, etc.

KYRIE ELEISON

Le premier *Kyrie* est joué par l'orgue.

Le chœur chante ensuite : Kyrie, eleison.

L'orgue : Kyrie, eleison.

Le chœur : Christe, eleison.

L'orgue : Christe, eleison.

Le chœur : Christe, eleison.

L'orgue : Kyrie, eleison.

Le chœur : Kyrie, eleison.

L'orgue : Kyrie, eleison.

GLORIA IN EXCELSIS

Le prêtre entonne : Gloria in excelsis Deo.

L'orgue : Et in terra pax hominibus bonæ voluntatis.

Le chœur : Laudamus te.

L'orgue : Benedicimus te.

Le chœur : Adoramus te.

L'orgue : Glorificamus te.

Le chœur : Gratias agimus tibi, propter magnam gloriam tuam :

L'orgue : Domine Deus, Rex cœlestis, Deus Pater omnipotens.

Le chœur : Domine, Fili unigenite, Jesu Christe.

L'orgue : Domine Deus, agnus Dei, Filius Patris.

Le chœur : Qui tollis peccata mundi, miserere nobis.

L'orgue : Qui tollis peccata mundi, suscipe deprecationem nostram.

Le chœur : Qui sedes ad dexteram Patris, miserere nobis.

L'orgue : Quoniam tu solus sanctus.

Le chœur : Tu solus Dominus.

L'orgue : Tu solus Altissimus, Jesu Christe.

Le chœur : Cum sancto Spiritu, in gloria Dei Patris. Amen.

Pendant les *oremus*, on peut dire la prière suivante :

Accordez-moi, Seigneur, par l'intercession de la sainte Vierge et des saints que nous honorons, toutes les grâces dont nous avons besoin. Je vous fais la même prière pour ceux et celles pour qui je suis obligé de prier, et je vous demande, Seigneur, pour eux et pour moi, tous les secours que vous savez être nécessaires à notre salut.

Pendant l'Épître.

Mon Dieu, vous m'avez appelé à la connaissance de votre sainte loi, préférablement à tant d'autres qui vivent dans l'ignorance de vos mystères. Je l'accepte de tout mon cœur, cette divine loi, et j'écoute avec respect les saints oracles que vous avez prononcés par la bouche de vos prophètes. Je les révère avec toute la soumission qui est due à la parole d'un Dieu, et j'en vois l'accomplissement avec toute la joie de mon âme.

Pendant l'*Évangile*.

En ce moment, ô mon Dieu, c'est Jésus-Christ lui-même, votre Fils unique, qui m'instruit de mes devoirs. Mais, hélas ! que me servira d'avoir cru que c'est votre parole que j'entends, Seigneur Jésus, si je n'agis pas conformément à vos préceptes? Que me servira, lorsque je paraîtrai devant vous, d'avoir eu la foi, si je n'accomplis pas les bonnes œuvres qu'elle m'impose?

Je crois, Seigneur, oui, je crois en vous, et cependant j'ai trop souvent vécu comme si je croyais un évangile contraire au vôtre. Ne me jugez pas encore, ô mon Dieu ! permettez-moi de me repentir et de vivre désormais en mettant en pratique la résolution que je forme en ce moment de me conduire toujours en bon chrétien. Donnez-moi le courage de l'obéissance, de la soumission à mes chefs. Enseignez-moi la vertu qui, seule, fait le vrai bonheur de l'homme sur la terre.

CREDO

Le prêtre entonne : Credo in unum Deum.

Les chantres : Patrem omnipotentem, factorem cœli et terræ, visibilium omnium et invisibilium ;

Le chœur : Et in unum Dominum Jesum Christum, Filium Dei unigenitum ;

Les chantres : Et ex Patre natum ante omnia sæcula.

Le chœur : Deum de Deo, lumen de lumine, Deum verum, de Deo vero.

Les chantres : Genitum, non factum, consubstantialem Patri, per quem omnia facta sunt.

Le chœur : Qui propter nos homines, et propter nostram salutem, descendit de cælis.

Les chantres : Et incarnatus est de Spiritu sancto ex Maria Virgine, et *Homo factus est.*

Le chœur : Crucifixus etiam pro nobis sub Pontio Pilato, passus et sepultus est.

Les chantres : Et resurrexit tertia die, secundum Scripturas.

Le chœur : Et ascendit in cœlum, sedet ad dexteram Patris.

Les chantres : Et iterum venturus est cum gloria, judicare vivos et mortuos, cujus regni non erit finis.

Le chœur : Et in Spiritum sanctum Dominum et vivificantem : qui ex Patre Filioque procedit.

Les chantres : Qui cum Patre et Filio simul adoratur et conglorificatur ; qui locutus est per Prophetàs.

Le chœur : Et unam, sanctam, catholicam et apostolicam Ecclesiam.

Les chantres : Confiteor unum baptisma in remissionem peccatorum.

Le chœur : Et expecto resurrectionem mortuorum, et vitam venturi sæculi. Amen.

OFFERTOIRE

Pendant que l'orgue joue l'Offertoire, les enfants sont instamment priés de se recueillir intérieurement et extérieurement. C'est la partie principale du saint sacrifice de la Messe qui commence. Pour ne pas perdre le fruit de cette belle prière à laquelle ils doivent participer avec Jésus-Christ, ils feront bien de lire lentement et attentivement les réflexions suivantes :

Mon Dieu, voici pour moi un moment

bienheureux. Quelque indigne que je sois de paraître devant vous, vous avez bien voulu me permettre d'assister au grand sacrifice de la messe et d'unir mes faibles prières à celles de votre divin Fils Jésus-Christ.

Je crois sincèrement, ô mon Dieu, tout ce que la foi m'enseigne touchant l'immolation du divin Rédempteur sur nos autels. C'est le même sacrifice que celui du Calvaire. C'est le même prêtre, c'est la même victime. Si son sang ne coule pas visiblement, il n'en coule pas moins réellement pour l'expiation de mes péchés et pour offrir à votre divine justice la rançon de mes fautes.

Merci, ô Jésus, de cette grâce ineffable. Moi, pauvre enfant coupable, puni par la justice humaine, je puis venir me jeter à vos pieds, et je suis sûr d'obtenir mon pardon. Votre miséricorde ne connaît pas le refus de la prière, et celle du malheureux a sur votre cœur un pouvoir tout-puissant. Offrez, ô divin Maître, au Dieu si bon, qui m'a créé et qui veut me sauver, mes désirs avec mes supplications, mes misères avec vos mérites, et que les bénédictions célestes descendent dans mon âme pour la fortifier et la consoler.

Je vous offre aussi, ô mon Dieu, ce divin sacrifice pour mon père, pour ma mère, pour tous mes parents. Qu'ils soient de bons et de vrais chrétiens !

Je vous prie pour notre saint-père le Pape et pour l'Église catholique tout entière; pour tous ceux qui s'occupent ici de mon corps et de mon âme, et qui par leurs bons conseils cherchent à faire de moi un honnête homme et un chrétien.

Souvenez-vous aussi, Seigneur, des âmes des fidèles trépassés qui souffrent dans le purgatoire, et, en considération des mérites de votre Fils, donnez-leur au plus tôt le bonheur du ciel.

PRÉFACE

Pendant la Préface les colons se tiennent debout. Ils ne doivent pas cesser pour cela d'avoir leur livre à la main et de suivre pieusement la sainte Messe. Le grand moment de la consécration approche, et, pour fixer leur attention, voici ce qu'ils devront méditer.

Le moment solennel du saint sacrifice

approche. O mon Dieu, remplissez mon esprit et mon cœur des lumières et des sentiments que la foi et la charité réclament de moi. Quelle obligation n'ai-je pas de vous bénir et de vous louer en tout et toujours !

Me voici donc devant vous comme un pécheur qui fait appel à votre miséricorde, comme un pauvre qui a besoin de l'aumône de votre bonté, comme un malade qui attend le médecin pour le guérir. Ayez pitié de moi, et secourez-moi.

SANCTUS

Le *Sanctus* est chanté alternativement par les chantres et par l'orgue.

AVANT L'ÉLÉVATION

Je vous conjure, ô mon Dieu, d'avoir pour agréable et de bénir l'offrande que je vous présente par votre divin Fils.

Je vous renouvelle les intentions que j'ai déjà formulées au nom de l'Église, du souverain pontife, de mes parents, de mes chefs et de mes camarades.

Je vous supplie de recevoir avec bonté mes humbles prières.

J'espère en vous, Seigneur, qui ne rejetez jamais la confiance du pécheur. Pour qu'elle vous soit plus agréable encore, je vous l'offre par l'entremise de votre très sainte Mère et de tous les saints.

ÉLÉVATION

Pendant l'Élévation les enfants se tiennent à genoux. Au moment où le prêtre élève la sainte hostie, au son de la clochette, ils doivent s'incliner profondément et adorer Notre-Seigneur Jésus-Christ réellement présent sur l'autel. Ils doivent garder cette posture jusqu'après l'élévation du calice, et ils ne se relèvent qu'après que la clochette les avertit que le moment solennel est passé.

APRÈS L'ÉLÉVATION

La foi me dit, ô mon Jésus, que vous êtes réellement présent sur l'autel du saint sacrifice, avec votre corps, votre sang, votre âme et votre divinité. Je le crois, Seigneur, avec toute la fermeté qu'exige votre parole sacrée.

Quelle ne doit pas être ma reconnaissance pour la grande faveur que vous m'accordez ! Vous ne vous souvenez plus que je suis pauvre et coupable, et je puis, comme vos anges et vos saints, vous adorer et vous prier.

Pour vous témoigner ma gratitude, je prends la ferme résolution d'être plus docile à l'avenir, d'éviter de blasphémer votre saint nom, de renoncer à mes mauvaises habitudes et de me conduire comme le méritent vos bontés pour moi.

Bénissez mes désirs, Seigneur Jésus, et accordez-moi votre assistance.

PATER NOSTER

Pendant que le prêtre chante le *Pater,* les colons se rappelleront que c'est le moment de réciter à voix basse, et chacun en particulier, l'Oraison dominicale : *Notre Père qui êtes aux cieux,* etc.

AGNUS DEI

Comme le Sanctus, l'*Agnus Dei* est chanté alternativement par l'orgue et par le chœur.

COMMUNION

Pendant la communion du prêtre, les enfants auront soin de ne pas oublier qu'eux aussi ont parfois le bonheur de communier. Ils se rappelleront surtout le jour béni de leur première communion. Ce jour, que personne n'oublie, a dû laisser dans leur souvenir de bonnes impressions.

C'était un jour de vrai bonheur. Ils se demanderont aussi s'ils ont été bien fidèles aux résolutions prises à ce moment, et ils les renouvelleront devant Dieu, en lui promettant de faire une bonne communion à la fête la plus prochaine où le règlement de la colonie leur permet de s'approcher de la Table sainte.

PRIÈRE PENDANT LA COMMUNION
DU PRÊTRE

Seigneur Jésus, vous qui vous êtes donné à moi au jour béni de ma première communion, animez mon cœur des sentiments de foi, de charité et de reconnaissance qui le remplissaient en ce beau jour.

Bien des fois, malgré les promesses solennelles que je vous fis alors, j'ai été infidèle à mes résolutions. Pardonnez-moi, ô mon Dieu, et ne permettez pas que je sois plus longtemps un ingrat.

Quel que soit le temps qui me sépare encore de la solennité la plus prochaine, où il me sera permis de venir vous recevoir, je fais le ferme propos d'être fidèle à votre divin rendez-vous. Faites-moi la grâce de vivre, d'ici là, avec toute la régularité demandée, afin que je sois plus digne de participer à vos bienfaits.

Après cette prière, il sera bon de réciter à voix basse la Salutation angélique : *Je vous salue, Marie,* etc., pour se mettre sous la protection de la sainte Vierge.

PRIÈRES PENDANT LA MESSE DE COMMUNION

AU COMMENCEMENT DE LA MESSE

† Au nom du Père, et du Fils, et du Saint-Esprit. Ainsi soit-il.

Mon Dieu, je vous offre le saint sacrifice de la messe auquel je vais assister et la sainte communion que je vais faire, pour reconnaître que vous êtes mon Créateur, mon Rédempteur et mon Père; pour vous rendre le culte d'adoration et de soumission que je vous dois; pour vous consacrer mes pensées, mes paroles et mes actions, ma vie tout entière et mon salut éternel; pour vous prier de me diriger, de m'instruire, de me soutenir, de me fortifier, en m'appliquant les mérites infinis de votre sainte vie, de votre douloureuse passion, de votre mort sur le Calvaire.

Seigneur Jésus, qui tout à l'heure allez descendre dans mon cœur, prenez-en possession; pardonnez-lui ses égarements, donnez-lui ce qui lui manque pour être plus dévoué, plus courageux, plus soumis, plus ferme dans ses résolutions et moins ingrat envers vous, qui êtes son bienfaiteur et son Sauveur.

Pénétrez-moi surtout d'une foi profonde envers le divin sacrement de l'Eucharistie que je vais recevoir. Je sais bien que vous êtes réellement et véritablement présent sous les faibles apparences du pain et du vin consacrés par le prêtre, mais je sens bien que ma foi a besoin d'être augmentée et confirmée. Voilà pourquoi, comme le malade de l'Évangile, je vous dis, ô divin Jésus : « Je crois, mais venez en aide à ma croyance. »

AU CONFITEOR

Humblement prosterné devant votre divine Majesté, je vous demande pardon, ô mon Dieu! de toutes les fautes de ma

vie, et, en particulier, des fautes que j'ai
commises depuis le jour heureux de ma
première communion. Que de fois, depuis cette époque pourtant si rappro-
chée, je vous ai méconnu, blasphémé,
outragé de toutes manières! Oubliez mes
révoltes, et ne voyez en moi, divin Jésus,
qu'un enfant contrit et repentant, fermement résolu à vous mieux aimer et
à vous servir plus chrétiennement à
l'avenir.

A L'INTROÏT

O mon Dieu, quand votre divin Fils
s'offrit en sacrifice à votre justice au jar-
din des Oliviers, il vous pria d'éloigner
de ses lèvres le calice d'amertume de nos
fautes et de notre indifférence. Pénétrez-
moi de ce douloureux spectacle, afin que
je comprenne le grand devoir de la reconnaissance et de la réparation que m'impose la communion que je vais faire. Les
cœurs les plus humbles sont ceux que
vous préférez. Acceptez le mien, mon
Dieu, avec toutes ses faiblesses et ses
imperfections, mais aussi avec le désir
qu'il éprouve de vous appartenir à jamais.

A L'ORAISON

Ma prière, ô mon Dieu, s'unit à celle de votre divin Fils, pour solliciter pour l'Église, pour le souverain Pontife, pour la France, pour mes chefs, pour mes parents, pour mes camarades et pour moi, toutes les grâces nécessaires à leur mission, à notre devoir et à notre salut. Vous qui avez promis d'exaucer toutes les demandes qui vous seraient adressées au nom de votre divin Fils, nous vous prions, par Notre-Seigneur Jésus-Christ, qui vit et règne avec vous, et l'Esprit-Saint, dans les siècles des siècles. Ainsi soit-il.

A L'ÉPITRE

Mon Dieu, vous m'avez appelé à la connaissance de votre loi en me faisant chrétien, pénétrez-moi des divers enseignements qu'elle contient et de l'obligation d'observer ses divins commandements. Le sacrement d'Eucharistie a une efficacité particulière pour éclairer et fortifier les âmes. Que la communion que je vais faire soit pour moi le point de départ d'un esprit meilleur et d'une volonté plus forte pour faire le bien et éviter le péché.

A L'ÉVANGILE

Parlez, ô mon Dieu, parlez à mon âme. C'est votre parole que j'entends en ce moment et qui me rappelle la vérité sublime de votre doctrine. Cette vérité, gardée dans votre Évangile, m'apprend que vous êtes venu sur la terre comme le bon Pasteur qui court après la brebis perdue, comme le médecin qui veut et qui peut guérir toutes les maladies, comme le semeur qui jette dans les âmes la semence de la régénération, comme le père miséricordieux qui se désole de l'absence de l'enfant prodigue, comme le Dieu tout-puissant qui peut soulager toutes les misères et même ressusciter les morts. Eh bien ! ô mon Dieu, je suis cette brebis qui vous cherche, ce malade qui languit, cette âme qui attend la bonne semence, ce prodigue qui a besoin du pardon, ce mort spirituel qui désire la résurrection. Passez en moi, ô mon Jésus, par la sainte communion, et je me retrouverai meilleur, plus chrétien, plus honnête et mieux préparé à l'observation de tous vos commandements. Mais, en passant en moi, souvenez-vous que j'ai droit plus que les autres à vos miséricordieuses bontés, parce que je suis plus faible, plus abandonné, plus éloigné de vous par mon passé, plus exposé à toutes les tentations et à toutes les misères morales qui étouffent dans les âmes le souffle et l'énergie de toutes les vertus.

AU CREDO

Pendant le Credo, réciter lentement le Symbole des Apôtres.

A L'OFFERTOIRE

Recevez, ô mon Dieu, ce sacrifice ineffable que vous offre la sainte Église; recevez également la communion que je vais faire en adoration et en hommages envers votre souveraine Majesté. Recevez, ô Père éternel, l'oblation d'un Dieu éternel comme vous, qui pour vous donner la gloire et le culte que vous méritez, pour payer à votre justice la dette contractée par mes fautes, a voulu se faire homme, et, par ce moyen, se mettre en état de victime et de mort; recevez en lui et par lui tout ce que je vous dois.

C'est un bonheur pour moi, ô mon Dieu, de pouvoir vous offrir, par l'entremise du prêtre, un sacrifice aussi pur, aussi efficace et aussi saint que le sacrifice de la messe. Comme racheté, j'ai le droit de participer à tous les mérites dont il est la source. Je veux en profiter tout spécialement en ce jour, pour vous remercier de tous vos bienfaits, ô mon Dieu, et en particulier pour ma création, ma conservation à la vie, ma rédemption et ma vocation à votre divine religion. Je veux encore vous remercier de la grâce spéciale de ma première communion que vous me permettez de renouveler aujourd'hui, de m'avoir enseigné votre doctrine, et surtout de m'avoir fait comprendre que sans vous je ne puis absolument rien. Merci encore, mon Dieu, de m'avoir appris qu'on peut effacer ses fautes par le repentir; qu'il est facile de réparer un passé défectueux et de se préparer un avenir honnête et chrétien, par la pratique de votre sainte loi et la participation aux sacrements de Pénitence et d'Eucharistie. Quelle grâce pour un pauvre enfant comme moi, que la justice humaine a frappé, mais qui peut espérer se réhabiliter et se reformer à l'aide de la religion! Encore une fois, ô mon Dieu, recevez, par votre divin Fils, le témoignage de ma gratitude résolue à la pratique de la pureté, de l'obéissance, de la prière et du travail.

Mais, ô mon Dieu, votre cher Fils n'est pas seulement une victime eucharistique, il est encore la nourriture de mon âme dans la sainte communion. Quand il a institué ce divin sacrement, il a dit ces mémorables paroles : « Celui qui mange ma chair et qui boit mon sang, demeure en moi et je demeure en lui. » Ah ! qu'il demeure en moi, ce divin Jésus, et par sa force, par ses lumières, par ses exemples et ses inspirations, il me soutiendra, m'éclairera et me dirigera. J'en ai grand besoin, ô mon Dieu, et j'attends de votre miséricordieuse bonté les effets admirables du sacrement de l'Eucharistie.

Permettez encore, Seigneur mon Dieu, que je vous offre ce sacrifice et cette communion pour toutes les intentions que j'ai déjà formulées. Votre Église est persécutée, donnez-lui le triomphe que vous lui avez promis ; le souverain Pontife est humilié, rendez-lui plus facile le gouvernement des âmes ; la France semble indifférente à tous vos bienfaits, inspirez à son âme une foi plus profonde, afin qu'elle redevienne la nation chrétienne. Accordez à mes parents, à mes chefs et à mes camarades, les grâces que vous savez être le plus nécessaires à leur sanctification.

Mon Dieu, souvenez-vous aussi des âmes qui souffrent dans les flammes du purgatoire, et accordez-leur, par les mérites de Jésus-Christ, le soulagement et la délivrance qu'elles attendent du divin sacrifice.

A LA PRÉFACE

Oui, Seigneur, il est vraiment digne, il est vraiment juste, il est salutaire et propice de louer votre saint nom, de proclamer votre bonté et d'admirer votre miséricorde. Vous êtes la puissance, la sagesse et la charité. Vous avez pitié des pécheurs et vous réjouissez les justes; vous consolez les affligés et vous soutenez ceux qui chancellent. J'unis donc ma voix aux chœurs des anges et à tous les esprits bienheureux pour adorer votre sainteté infinie, par la sainteté de l'hostie et la grandeur du sacrifice.

AU SANCTUS

Saint, saint, saint est le Seigneur, le Dieu des armées. Qu'il soit béni pour tous ses bienfaits, dans le temps et dans l'éternité !

DU SANCTUS A L'ÉLÉVATION

Il faut être saint pour avoir droit aux choses saintes; mais je sais, ô mon Dieu, que vos mystères, et en particulier le mystère de l'Eucharistie dans le sacrifice et dans la communion, sanctifient ceux qui y participent; ils mettent dans les âmes bien disposées les vertus qu'ils demandent. Par votre sainteté vous êtes éloigné des pécheurs, mais par votre amour vous vous en approchez, afin de les convertir et de les sauver. J'espère donc, ô mon Sauveur, que vous ne me repousserez pas. Approchez-vous de moi pour me purifier et me sanctifier. J'ai confiance. Que de fois, dans votre vie apostolique, vous avez loué la confiance de ceux qui vous priaient ! C'est le centurion qui vous demande de guérir son serviteur par une seule parole de votre bouche : « Seigneur, je ne suis pas digne que vous entriez dans ma demeure ; mais dites seulement un mot, et mon serviteur sera guéri. » Comme lui, Seigneur, j'ai confiance, et si tout à l'heure je vais répéter avec le soldat romain que je ne suis pas digne que vous veniez me visiter, je demanderai comme lui qu'une parole de votre bouche, tombant sur mon âme, lui donne la grâce de vous aimer et de vous servir. Vous avez eu pitié de la Chananéenne, parce qu'elle savait qu'elle serait guérie si elle parvenait seulement à toucher le bord de votre vêtement. Approchez-vous de moi, mon Sauveur

Jésus, et que je puisse seulement sentir la puissance de votre divinité, et moi aussi je serai guéri de mes faiblesses, de mes chutes, de mes mauvais penchants et de mes vices. Quelque nombreux qu'ils soient, ils ne résisteront pas à votre action bienfaisante, et je vous rendrai grâce de m'avoir exaucé.

A L'ÉLÉVATION

Mais vous allez descendre sur l'autel, Seigneur Jésus, et je sens le besoin de me recueillir en face de votre Majesté sainte et d'admirer l'ineffable bonté qui vous porte à vous humilier, à vous cacher sous la forme d'un morceau de pain. Que suis-je cependant auprès de vous, moi misérable créature tant de fois coupable et révoltée? Je m'incline, Seigneur, et je vous demande grâce et assistance au nom de votre soumission et de votre anéantissement.

Pendant l'Élévation, les enfants doivent s'incliner profondément et adorer dans l'hostie Notre-Seigneur Jésus-Christ, réellement présent, avec son corps, son sang, son âme et sa divinité.

APRÈS L'ÉLÉVATION

Je vous adore, ô mon Jésus, et je crois que vous êtes réellement présent sur cet autel avec votre corps, votre sang, votre âme et votre divinité. Je le crois avec d'autant plus de force, que j'aspire à vous recevoir, et que dans un instant vous allez habiter dans mon âme. Je le crois, parce que j'ai besoin de votre pitié et de votre amour, et qu'il n'y a que vous qui puissiez remettre les péchés, en effacer la trace et rendre à ma vie le prestige qu'elle a momentanément perdu. Que je suis heureux de penser que le Dieu que j'adore va se faire ma nourriture! Moi, pauvre enfant coupable, je vais pouvoir posséder le Dieu qui pardonne, et qui, pour me mériter ce pardon, a versé son sang jusqu'à la dernière goutte. Ces vérités me confondent; et il me faut toute l'autorité de votre parole, toute la puissance de votre charité pour m'en assurer.

Bonté ineffable, vous m'avez fait une obligation de me nourrir de votre chair sacrée. Je l'accepte, mon Dieu, malgré mon indignité, attendant que vous mettiez le comble à vos bienfaits, en me faisant comprendre combien je vous dois de reconnaissance, en me permettant de vous en donner la preuve par une conduite exemplaire, une soumission continuelle et une vie sincèrement honnête et chrétienne. Oserais-je me révolter quand je vous vois, vous, mon Dieu, vous abaisser jusqu'à moi? Pourrais-je vous offenser, quand je vous sais aussi généreux et aussi miséricordieux pour moi? Je prends la ferme résolution de me corriger, et si je retombe encore, malgré mon désir, ô mon Dieu, ayez pitié de ma faiblesse et pardonnez à ma légèreté.

AU PATER

Pendant le *Pater,* on récite la même prière en français.

A L'AGNUS DEI

Agneau divin, qui par votre innocence avez mérité d'effacer les péchés des hommes, donnez-moi la pureté, et demandez à Dieu pour moi le repentir de mes fautes !

Agneau de Dieu, qui portez les péchés du monde, couvrez les miens de votre sang rédempteur !

Agneau de Dieu, qui fûtes la rançon des crimes de la terre, payez à la justice divine la dette de ma vie coupable !

A LA COMMUNION

Seigneur, venez en moi. Je m'approche en paix de votre table sainte, et je vous demande de me bénir, de me nourrir et de me fortifier. Dites en ce moment, pour moi, la parole qui guérissait les malades et rendait la vie aux morts. Je crois en vous, j'espère en vous et je vous aime.

On récite alors les actes avant la communion, p. 40.

Pendant la communion, les enfants ont soin de se tenir avec le plus grand recueillement. Ils suivent exactement les mouvements qui leur sont indiqués pour se rendre à la sainte Table ou pour en revenir. Après avoir communié, ils restent à genoux jusqu'au signal convenu. Après la communion on récite les actes p. 42.

Pendant *les dernières oraisons.*

O mon Dieu, je vous remercie de la grâce incomparable que vous venez de me faire ; et comme je me sens incapable de vous exprimer ma reconnaissance, je vous prie de considérer la simplicité de mon cœur et de déposer en mon âme les dispositions que vous lui désirez.

Que la Vierge Marie vous parle et vous remercie pour moi !

Que mon ange gardien et mon saint Patron interprètent auprès de vous mes désirs et m'inspirent mes résolutions. Soyez béni, aimé et glorifié, vous qui vivez et régnez dans les siècles des siècles ! Amen.

ACTES AVANT LA COMMUNION

ACTE DE FOI

Seigneur Jésus, je crois fermement que votre corps, votre sang, votre âme et votre divinité sont véritablement présents dans l'Eucharistie, que je vais recevoir par la communion ; je le crois parce que vous l'avez dit, et que la sainte Église nous en assure de votre part.

ACTE DE CONTRITION ET D'HUMILITÉ

Seigneur, je ne suis pas digne que vous entriez en moi; je suis pécheur, et vous êtes le Saint des saints. Mais, ô mon Dieu, vous pouvez effacer mes péchés; je les déteste de tout mon cœur. Pardonnez-les-moi, et ne permettez pas que je vous reçoive pour ma condamnation.

ACTE D'AMOUR

Je vous aime, mon Dieu, de tout mon cœur, de tout mon esprit, de toutes mes forces et de toute mon âme; et comme c'est l'amour qui vous porte à vous donner à moi dans ce sacrement, c'est aussi pour ce motif que je m'approche de vous et que je me propose de vous y recevoir.

ACTE DE DÉSIR

Venez, ô mon divin Jésus, venez prendre possession de mon cœur; je désire ardemment de m'unir à vous dans la communion, parce que vous êtes la source de toutes les grâces. Venez donc à moi, ne tardez pas plus longtemps.

ACTES APRÈS LA COMMUNION

ACTE D'ADORATION

O Seigneur, il est donc vrai que vous vous êtes donné à moi! Je vous adore profondément en reconnaissant votre grandeur et mon néant en votre divine présence; prenez, s'il vous plaît, ô mon Jésus, l'entière possession de mon esprit et de mon cœur, et faites que jamais je ne sois séparé de vous.

ACTE DE RECONNAISSANCE

D'où me vient ce bonheur, que celui qui est tout se donne à celui qui n'est rien? que le Créateur devienne la nourriture de sa créature? Comment pourrai-je, ô mon Jésus, reconnaître un si grand bienfait? Oh! que les Anges et les Saints vous en bénissent dans le temps et dans l'éternité!

ACTE D'OFFRANDE

Que puis-je vous offrir, Seigneur, qui ne soit à vous! Je ne me suis donné à vous jusqu'à présent que d'une manière imparfaite : c'est tout de bon et avec sincérité que je vous consacre aujourd'hui mon corps, mon âme, mes pensées, mes paroles et mes actions. O Seigneur, je ne veux plus vivre que pour vous.

ACTE DE DEMANDE

Vous ne me refuserez rien, ô mon Dieu, après la grâce que vous venez de me faire : ne permettez donc pas que je retombe davantage dans le péché, et faites que, par la pratique de toutes les vertus, je me rende digne de vous posséder éternellement.

RÉNOVATION DES VŒUX DU BAPTÊME

POUR LE JOUR DE LA PREMIÈRE COMMUNION
A LA COLONIE

Mon Dieu, c'est un honneur et un bonheur pour nous, enfants de la colonie de Mettray, de pouvoir, au jour de notre première communion, renouveler librement et sincèrement les promesses de

notre baptême. Le regret que nous éprouvons de notre vie passée, l'expérience
que nous avons faite des bienfaits de la
religion, le désir que nous ressentons de
rester toujours honnêtes et chrétiens,
nous pressent de faire le serment solennel de vous demeurer fidèles jusqu'à la
mort.

Devant vous, ô Seigneur Jésus, qui
vivez en notre âme, devant ceux qui
sont ici, nos chefs, nos amis, nos camarades, nous promettons de suivre votre
divine loi et de renoncer à Satan, à ses
pompes et à ses œuvres. Nous jurons
d'aimer et de pratiquer la prière, de respecter votre saint nom, de sanctifier le
dimanche, d'obéir à nos chefs et d'observer vos commandements. Le devoir sera
désormais notre loi. Puissent les résolutions que nous formulons en face du ciel
et de la terre ne jamais faillir et nous
garder dans le cœur la foi, l'espérance,
la charité et toutes les vertus chrétiennes.

C'est sous votre étendard que nous
voulons marcher, car nous avons appris
qu'il n'en est pas de plus glorieux. Qui-

conque le suit ne s'égare jamais, n'est jamais vaincu, ou, s'il tombe, se relève toujours.

C'est vous, ô mon Dieu, qui êtes la source de la lumière, de la paix et de toutes les consolations. A qui pourrions-nous recourir pour être plus heureux? C'est vous qui possédez les paroles de la vie éternelle qui ne trompent jamais. C'est vous qui défendez les faibles, qui sauvegardez l'innocence, qui confirmez ceux qui tremblent. C'est vous, ô Seigneur Jésus, qui donnez le pardon et qui poursuivez de vos miséricordes les pauvres âmes. C'est donc vous que nous aimerons et que nous servirons maintenant et jusqu'au dernier jour de notre vie. Ainsi soit-il.

ACTE DE CONSÉCRATION A LA SAINTE VIERGE

POUR LE JOUR DE LA PREMIÈRE COMMUNION

A LA COLONIE

C'est à vous, ô bonne Mère, que nous voulons adresser nos dernières prières et nos dernières promesses au soir de notre première communion. N'avons-nous pas le droit, plus que tous les autres, de vous demander assistance et soutien? Nous sommes des enfants, et dès lors nous devons participer aux préférences de votre cœur de mère. Nous avons fauté, et le besoin que nous éprouvons de miséricorde et de pardon nous pousse vers vous, la Vierge très pure et sans tache, qui avez en mains la grâce et les bénédictions du ciel. Donnez-nous donc l'affection maternelle que nos cœurs réclament, et gardez dans nos âmes nos résolutions et notre innocence recouvrée. Pour que nous restions fidèles à Dieu et à Jésus-Christ, nous nous consacrons à vous, ô bonne et puissante Vierge Marie !

En ce jour qui nous a donné tant de consolations et de joies, où nous avons senti passer en nous tout l'amour de notre divin Sauveur, où nous nous sommes approchés de lui pour la première fois dans la communion, nous tenons à affirmer devant nos chefs ici réunis, devant nos camarades qui nous entendent, que la vraie grandeur de l'âme, le bonheur certain de notre vie se trouvent dans la soumission, dans la religion et dans l'accomplissement du devoir.

Nous tenons à proclamer bien haut que désormais nous voulons vivre en bons chrétiens, fidèles à Dieu et à nos promesses. Nous répétons devant vous, Vierge Marie, que nos résolutions sont sincères, et nous vous prions de les bénir pour qu'elles soient durables.

Si nous sommes faibles, exposés à la tentation, trop fragiles encore pour ne pas avoir peur du danger et du péché, priez pour nous et soutenez-nous.

Si par malheur nous venons à oublier

nos serments, à délaisser notre divin Maître, à retomber dans le péché, rappe-lez-nous, ô tendre Mère, et implorez en notre faveur la bonté de Dieu qui nous pardonnera et nous rendra la force de l'âme.

Enfin, jusqu'à l'heure de la mort, veil-lez sur nous et souvenez-vous, ô sainte Vierge Marie, que, malgré nos infirmités et nos fautes, nous vous aimerons tou-jours, et que nous attendrons de vous la salutaire protection qui nous assurera le bonheur du ciel. Ainsi soit-il.

VÊPRES

DU DIMANCHE

—

Les Vêpres du dimanche, à la colonie, consistent dans un salut du très saint Sacrement, auquel on chante les prières liturgiques suivantes :

O SALUTARIS

O salutaris Hostia,
Quæ cœli pandis ostium,
Bella premunt hostilia,
Da robur, fer auxilium.

Uni trinoque Domino
Sit sempiterna gloria,
Qui vitam sine termino
Nobis donet in patria. Amen.

Ou bien :

Les chantres : Ave, verum corpus natum de Maria Virgine :
Le chœur : Vere passum, immolatum in cruce pro homine.

4

Les chantres : Cujus latus perforatum unda fluxit cum sanguine.

Le chœur : Esto nobis prægustatum, mortis in examine.

Les chantres : O Jesu dulcis !

Le chœur : O Jesu pie !

Les chantres : O Jesu, fili Mariæ !

Le chœur : Tu nobis miserere.

Psaume *Confitebor*.

Le chantre : Confitebor tibi, Domine, in toto corde meo ; * in consilio justorum et congregatione.

Le chœur : Magna opera Domini : * exquisita in omnes voluntates ejus.

Les chantres : Confessio et magnificentia opus ejus, * et justitia ejus manet in sæculum sæculi.

Le chœur : Memoriam fecit mirabilium suorum misericors et miserator Dominus : * escam dedit timentibus se.

Les chantres : Memor erit in sæculum testamenti sui : * virtutem operum suorum annuntiabit populo suo.

Le chœur : Ut det illis hæreditatem gentium; * opera manuum ejus veritas et judicium.

Les chantres : Fidelia omnia mandata ejus, confirmata in sæculum sæculi, * facta in veritate et æquitate.

Le chœur : Redemptionem misit populo suo; * mandavit in æternum testamentum suum.

Les chantres : Sanctum et terribile nomen ejus, * initium sapientiæ timor Domini.

Le chœur : Intellectus bonus omnibus facientibus eum : * laudatio ejus manet in sæculum sæculi.

Les chantres : Gloria Patri, et Filio, * et Spiritui sancto.

Le chœur : Sicut erat in principio, et nunc, et semper, * et in sæcula sæculorum. Amen.

ANTIENNES A LA SAINTE VIERGE

Du temps de l'Avent jusqu'à la Purification :

Alma Redemptoris Mater, quæ pervia cœli

Porta manes, et stella maris, succurre cadenti,

Surgere qui curat, populo : tu quæ genuisti,

Natura mirante, tuum sanctum Genitorem :

Virgo prius ac posterius, Gabrielis ab ore,

Sumens illud Ave, peccatorum miserere.

Le prêtre chante, après l'antienne, les versets et l'*Oremus* correspondants.

Depuis la Purification jusqu'à Pâques :

Ave, Regina cœlorum ;
Ave, Domina Angelorum :
Salve, radix, salve, porta,
Ex qua mundo lux est orta.
Gaude, Virgo gloriosa,
Super omnes speciosa.

Vale, o valde decora,
Et pro nobis Christum exora.

Versets et *Oremus* correspondants.

Pendant le Temps pascal.

Regina cœli, lætare, alleluia.
Quia quem meruisti portare, alleluia.
Resurrexit sicut dixit, alleluia.
Ora pro nobis Deum, alleluia.

Versets et *Oremus* correspondants.

Depuis la Trinité jusqu'à l'Avent.

Salve, Regina, Mater misericordiæ; vita, dulcedo et spes nostra, salve. Ad te clamamus, exsules filii Evæ : ad te suspiramus, gementes et flentes in hac lacrymarum valle. Eia ergo, advocata nostra, illos tuos misericordes oculos ad nos converte, et Jesum, benedictum fructum ventris tui, nobis post hoc exsilium ostende, o clemens, o pia, o dulcis Virgo Maria !

Versets et *Oremus* correspondants.

HYMNE A LA SAINTE VIERGE

Ave, maris stella,
Dei mater alma,
Atque semper virgo,
Felix cœli porta.

Sumens illud ave,
Gabrielis ore,
Funda nos in pace,
Mutans Hevæ nomen.

Solve vincla reis,
Profer lumen cæcis,
Mala nostra pelle,
Bona cuncta posce.

Monstra te esse matrem ;
Sumat per te preces
Qui, pro nobis natus
Tulit esse tuus.

Virgo singularis,
Inter omnes mitis,
Nos culpis solutos,
Mites fac et castos.

Vitam præsta puram,
Iter para tutum,
Ut videntes Jesum,
Semper collætemur!

Sit laus Deo Patri,
Summo Christo decus,
Spiritui sancto,
Tribus honor unus. Amen.

MAGNIFICAT

Les chantres : Magnificat * anima mea Dominum.

Le chœur : Et exultavit spiritus meus * in Deo salutari meo;

Les chantres : Quia respexit humilitatem ancillæ suæ : * ecce enim ex hoc beatam me dicent omnes generationes.

Le chœur : Quia fecit mihi magna qui potens est, * et sanctum nomen ejus.

Les chantres : Et misericordia ejus a progenie in progenies, * timentibus eum.

Le chœur : Fecit potentiam in brachio suo ; * dispersit superbos mente cordis sui.

Les chantres : Deposuit potentes de sede, * et exaltavit humiles.

Le chœur : Esurientes implevit bonis,*
et divites dimisit inanes.

Les chantres : Suscepit Israel puerum
suum, * recordatus misericordiæ suæ.

Le chœur : Sicut locutus est ad patres
nostros, * Abraham et semini ejus in
sæcula.

Les chantres : Gloria Patri, et Filio, *
et Spiritui-sancto.

Le chœur : Sicut erat in principio, et
nunc et semper, * et in sæcula sæculorum. Amen.

Le *Magnificat* terminé, on entonne immédiate-
ment le *Sub tuum* ou l'*Inviolata*.

SUB TUUM

Sub tuum præsidium confugimus, sancta Dei Genitrix ; nostras deprecationes
ne despicias in necessitatibus nostris, sed
a periculis cunctis libera nos semper,
Virgo gloriosa et benedicta.

INVIOLATA

Les chantres : Inviolata, integra et casta
es, Maria,

Le chœur : Quæ es effecta fulgida cœli
porta.

Les chantres : O Mater alma Christi carissima,

Le chœur : Suscipe pia laudum præconia.

Les chantres : Te nunc flagitant devota corda et ora,

Le chœur : Nostra ut pura pectora sint et corpora.

Les chantres : Tua per precata dulcisona.

Le chœur : Nobis concedas veniam per sæcula.

Les chantres : O benigna !

Le chœur : O Regina !

Les chantres : O Maria !

Le chœur : Quæ sola inviolata permansisti.

Le prêtre : Ora pro nobis, sancta Dei Genitrix.

Le chœur : Ut digni efficiamur promissionibus Christi.

OREMUS

Concede nos famulos tuos, quæsumus, Domine Deus, perpetua mentis et corporis sanitate gaudere : et gloriosa beatæ

Mariæ semper virginis intercessione, a præsenti liberari tristitia et æterna perfrui lætitia. Per Christum Dominum nostrum.

Le chœur : Amen.

TANTUM ERGO

Le chantre entonne : Tantum ergo Sacramentum

  Le chœur : Veneremur cernui;
    Et antiquum documentum
    Novo cedat ritui;
    Præstet fides supplementum
    Sensuum defectui.
  Le chantre seul : Genitori, genitoque,
  Le chœur : Laus et jubilatio,
    Salus, honor, virtus quoque
    Sit et benedictio:
    Procedenti ab utroque
    Compar sit laudatio. Amen.

Le prêtre : Panem de cœlo præstitisti eis (*T. P.* alleluia).

Le chœur : Omne delectamentum in se habentem (*T. P.* alleluia).

OREMUS

Deus, qui nobis sub Sacramento mirabili passionis tuæ memoriam reliquisti ;
tribue, quæsumus : ita nos corporis et
sanguinis tui sacra mysteria venerari, ut
redemptionis tuæ fructum in nobis jugiter sentiamus. Qui vivis et regnas in
sæcula sæculorum.

Le chœur : Amen.

Pendant la bénédiction du très saint Sacrement,
les enfants auront soin, comme pendant l'élévation, à la sainte Messe, de se rappeler la présence
réelle de Notre-Seigneur Jésus-Christ dans l'ostensoir, et que c'est lui-même, son corps, son sang,
son âme et sa divinité, qui les bénit.

APRÈS LA BÉNÉDICTION

Le chantre : Laudate Dominum, omnes
gentes ; * laudate eum, omnes populi.

Le chœur : Quoniam confirmata est
super nos misericordia ejus, * et veritas
Domini manet in æternum.

Les chantres : Gloria Patri, et Filio, †
et Spiritui sancto.

Le chœur : Sicut erat in principio, et
nunc et semper, * et in sæcula sæculorum. Amen.

HYMNES ET CHANTS DIVERS

Pendant l'*Avent*.

Rorate, cœli, desuper, et nubes pluant justum.

Ne irascaris, Domine, ne ultra memineris iniquitatis. Ecce civitas sancti facta est deserta, Sion deserta facta est : Jerusalem desolata est, domus sanctificationis tuæ et gloriæ tuæ, ubi laudaverunt te patres nostri. Rorate, cœli, etc.

Peccavimus, et facti sumus tanquam immundus nos, et cecidimus quasi folium universi, et iniquitates nostræ quasi ventus abstulerunt nos : abscondisti faciem tuam a nobis, et allisisti nos in manu iniquitatis nostræ. Rorate, cœli, etc.

Vide, Domine, afflictionem populi tui, et mitte quem missurus es. Emitte Agnum dominatorem terræ, de petra deserti ad montem filiæ Sion, ut auferat ipse jugum captivitatis nostræ. Rorate, cœli, etc.

Consolamini, consolamini, popule

meus : cito veniet salus tua. Quare mœ-
rore consumeris? Quare innovavit te
dolor? Salvabo te, noli timere; ego enim
sum Dominus Deus tuus, Sanctus Israel,
Redemptor tuus. Rorate, cœli, etc.

A *Noël.*

ADESTE FIDELES

Adeste, fideles, læti, triumphantes :
Venite, venite in Bethlehem,
Natum videte, Regem Angelorum.
Venite, adoremus (*trois fois*) Dominum.

Deum de Deo, lumen de lumine,
Gestant puellæ viscera.
Deum verum, genitum, non factum,
Venite, adoremus... Dominum.

Cantet nunc io ! chorus Angelorum,
Cantet nunc aula cœlestium ;
Gloria in excelsis Deo.
Venite, adoremus... Dominum.

Ergo qui natus die hodierna
Jesu tibi sit gloria.
Patris æterni Verbum caro factum,
Venite, adoremus... Dominum.

Aux Vêpres, *pendant le Carême.*

Le chœur : Miserere mei, Deus, * secundum magnam misericordiam tuam.

Les chantres : Et secundum multitudinem miserationum tuarum, * dele iniquitatem meam.

Le chœur : Miserere. *On répète ainsi la strophe* Miserere *après chacune des autres strophes du psaume.*

Les chantres : Amplius lava me ab iniquitate mea, * et a peccato meo munda me.

Quoniam iniquitatem meam ego cognosco : * et peccatum meum contra me est semper.

Tibi soli peccavi, et malum coram te feci : * ut justificeris in sermonibus tuis, et vincas cum judicaris.

Ecce enim in iniquitatibus conceptus sum : * et in peccatis concepit me mater mea.

Ecce enim veritatem dilexisti * incerta et occulta sapientiæ tuæ manifestasti mihi.

Asperges me hyssopo, et mundabor : * lavabis me, et super nivem dealbabor.

Auditui meo dabis gaudium et lætitiam : * et exultabunt ossa humiliata.

Averte faciem tuam a peccatis meis : *
et omnes iniquitates meas dele.

Cor novum crea in me, Deus : * et spiritum rectum innova in visceribus meis.

Ne projicias me a facie tua : * et spiritum sanctum tuum ne auferas a me.

Redde mihi lætitiam salutaris tui : * et
spiritu principali confirma me.

Docebo iniquos vias tuas : * et impii ad
te convertentur.

Libera me de sanguinibus, Deus, Deus
salutis meæ : * et exultabit lingua mea
justitiam tuam.

Domine, labia mea aperies : * et os
meum annuntiabit laudem tuam.

Quoniam si voluisses sacrificium dedis-
sem utique : * holocaustis non delecta-
beris.

Sacrificium Deo spiritus contribula-
tus : * cor contritum et humiliatum, Deus,
non despicies.

Benigne fac, Domine, in bona voluntate
tua Sion : * ut ædificentur muri Jerusalem

Tunc acceptabis sacrificium justitiæ, oblationes, et holocausta : * tunc imponent super altare tuum vitulos.

Gloria Patri, et Filio, et Spiritui sancto.

Sicut erat in principio, et nunc, et semper, et in sæcula sæculorum. Amen.

PARCE, DOMINE

Parce, Domine, parce populo tuo; ne in æternum irascaris nobis.

Ce verset se chante trois fois.

TE DEUM

Chant d'action de grâces.

Te Deum laudamus; te Dominum confitemur.

Te æternum Patrem omnis terra veneratur.

Tibi omnes Angeli; tibi cœli, et universæ potestates;

Tibi Cherubim et Seraphim, incessabili voce proclamant :

Sanctus, sanctus, sanctus, Dominus Deus sabaoth.

Pleni sunt cœli et terra, majestatis gloriæ tuæ.

Te gloriosus Apostolorum chorus,

Te Prophetarum laudabilis numerus,

Te Martyrum candidatus laudat exercitus.

Te per orbem terrarum sancta confitetur Ecclesia,

Patrem immensæ majestatis,

Venerandum tuum verum et unicum Filium,

Sanctum quoque Paraclitum Spiritum.

Tu Rex gloriæ, Christe.

Tu Patris sempiternus es Filius.

Tu ad liberandum sucepturus hominem, non horruisti Virginis uterum.

Tu, devicto mortis aculeo, aperuisti credentibus regna cœlorum.

Tu ad dexteram Dei sedes in gloria Patris.

Judex crederis esse venturus.

La strophe suivante se chante à genoux.

Te ergo quæsumus, tuis famulis subveni, quos pretioso sanguine redemisti.

On continue debout.

Æterna fac cum sanctis tuis in gloria numerari.

Salvum fac populum tuum, Domine, et benedic hæreditati tuæ.

Et rege eos, et extolle illos usque in æternum.

Per singulos dies benedicimus te :

Et laudamus nomen tuum in sæculum, et in sæculum sæculi.

Dignare, Domine, die isto sine peccato nos custodire.

Miserere nostri, Domine, miserere nostri.

Fiat misericordia tua, Domine, super nos, quemadmodum speravimus in te.

In te, Domine, speravi, non confundar in æternum.

℣. Benedicamus Patrem, et Filium, cum sancto Spiritu.

℟. Laudemus et superexaltemus eum in sæcula.

OREMUS

Deus, cujus misericordiæ non est numerus et bonitatis infinitus est thesaurus : piissimæ majestati tuæ, pro collatis donis gratias agimus tuam semper clementiam exorantes, ut qui petentibus postulata concedis, eosdem non deserens, ad præmia futura disponas. Per Christum Dominum nostrum.

VENI CREATOR

Veni, creator Spiritus,
Mentes tuorum visita,
Imple superna gratia
Quæ tu creasti pectora.

Qui diceris Paraclitus,
Altissimi donum Dei,
Fons vivus, ignis, charitas,
Et spiritalis unctio.

Tu septiformis munere,
Digitus paternæ dexteræ,
Tu rite promissum Patris,
Sermone ditans guttura.

Accende lumen sensibus,
Infunde amorem cordibus,
Infirma nostri corporis
Virtute firmans perpeti.

Hostem repellas longius,
Pacemque dones protinus,
Ductore sic te prævio,
Vitemus omne noxium.

Per te sciamus da Patrem,
Noscamus atque Filium :

Teque utriusque Spiritum
Credamus omni tempore.

Deo Patri sit gloria,
Et Filio, qui a mortuis
Surrexit, ac Paraclito,
In sæculorum sæcula. Amen.

CONSEILS PRATIQUES

POUR LES JEUNES DÉTENUS

LE PASSÉ

Quel est-il, pour vous, ce passé? En vous voyant si jeune encore, mon cher enfant, peut-on dire qu'il existe? Oui, car le passé ne consiste pas seulement dans le nombre plus ou moins grand des années écoulées; il réside surtout dans le bien ou dans le mal qu'on a accompli.

Or dans ce passé, quelque court qu'il soit, et qui est le vôtre, il y a une tache, et votre présence à la colonie en est la preuve.

N'allez pas croire, mon cher enfant, que je veuille vous rappeler ici un mauvais souvenir, vous faire rougir d'une faute commise, en vous faisant un reproche intempestif. Loin de moi cette pensée. Si je vous parle de votre passé, ce n'est pas pour vous désespérer; c'est, au contraire, pour vous aider à le réparer.

Et rien n'est plus facile, croyez-le bien.

En effet, si la loi humaine a tenu compte de votre jeune âge en sévissant contre vous, elle n'a pas voulu cependant que la faute commise jetât son ombre sur votre avenir. Voilà pourquoi elle a travaillé à votre réhabilitation en vous punissant, en vous arrachant à un milieu pervers et en vous plaçant dans un établissement où la morale et l'éducation rétabliront chez vous l'équilibre un moment perdu.

Vous l'avouez vous-même avec votre franchise habituelle, quand on vous interroge : « vous avez fauté. » Eh bien! rien n'est beau comme le repentir après le péché, et rien ne répare mieux les dommages qu'il a causés que le regret pratique qui se traduit dans de bonnes résolutions et dans une bonne conduite. Aucune justice humaine ne peut exiger davantage ; à plus forte raison la justice de Dieu, qui se contente de si peu.

Le passé ne doit donc pas être pour vous une tache dont la vue vous effraye et que vous n'avez pas le courage d'effacer ; il doit devenir la source de votre repentir et la leçon de votre vie. Ainsi compris, il sera le rappel de l'honnêteté, le stimulant de la réparation et la garantie de votre avenir, par l'expérience qu'il vous aura laissée. Vous comprendrez, à ses leçons, que le bonheur de l'homme ne consiste pas dans les satisfactions grossières de la nature, mais bien dans la pratique de la vertu.

LE PRÉSENT

Au point de vue matériel, le présent est pour vous, mon cher enfant, le nombre plus ou moins restreint d'années que vous avez à passer à la colonie. La justice humaine a voulu vous donner un asile dans cette maison, et, jusqu'au jour fixé par elle, vous serez considéré comme *colon.*

Faut-il que ce nom vous fasse rougir, et que vous le considériez comme un titre infamant?... Jamais!... La colonie n'est pas une prison. C'est une maison *familiale* qui remplace pour vous le foyer paternel, auquel on a dû vous soustraire pendant quelque temps, pour vous apprendre, loin du danger et de la tentation, à devenir un honnête homme, un travailleur, un chrétien.

Tout à Mettray vous affirme cette vérité. Vous vivez *en famille ;* votre chef est un *chef de famille*; vos camarades sont des *frères*, et celui qui parmi eux vient en aide au surveillant est appelé *frère aîné*.

M. le Directeur est un père au milieu de vous, et tous ceux qui l'aident dans le gouvernement et l'administration de la colonie ne sont animés que d'un seul désir : celui de remplacer auprès de vous la famille absente et de vous donner l'éducation que l'enfant doit recevoir dans un foyer chrétien.

Enfin, vous n'avez pas les chaînes ou le cachot qui font le prisonnier, et si parfois on est obligé d'en venir jusqu'à la cellule pour punir ceux qui s'évadent ou se rendent gravement coupables par ailleurs, vous n'ignorez pas que c'est toujours à contre-cœur et pour obéir à l'obligation, imposée à tous les pères, de corriger l'enfant qui manque à son devoir.

Au point de vue chrétien, le *présent*, c'est le remède placé sur la blessure de votre vie passée. C'est la restauration de la brèche faite à votre conscience ou à votre honneur ; c'est la préparation d'un avenir de travail et de vertu. Avouez dès lors qu'il n'a rien de pénible et qu'il doit être accepté comme un bienfait.

Bien des fois déjà, dans mon ministère à la colonie, j'ai eu la joie de constater que ces vérités sont envisagées comme je vous les expose par ceux qui se conduisent bien. En effet, bien qu'ils soient heureux, — ce qui est facile à comprendre — lorsque le jour de la délivrance est arrivé, ceux-là emportent avec eux un bon souvenir de la maison qui a abrité leur jeunesse, et dans laquelle ils ont appris à travailler, à prier et à se relever.

Le présent, quel qu'il soit, ne doit être négligé par personne. C'est lui qui assure l'avenir. Mais il a pour vous, je le répète, une importance plus grande encore; car, tout en préparant votre avenir, il répare votre passé, et il vous permet, quand vous en avez profité, de vous présenter dans le monde la tête haute, pour y occuper la place qui vous est réservée par la Providence.

Courage donc, mon cher enfant! et que le bon Dieu vous inspire pour la colonie l'affection et la reconnaissance qu'on doit à un bienfaiteur!

L'AVENIR

Il faut le prévenir. C'est le point capital vers lequel doivent se concentrer tous vos efforts.

Et ici permettez-moi d'emprunter à l'Écriture sainte une parole profonde qui, si elle est bien comprise, vous fera saisir la nécessité de songer sérieusement à votre avenir. « Mieux vaut un enfant pauvre, mais prudent, qu'un roi déjà vieillard, assez insensé pour ne pas prévoir l'avenir. » (Eccl. iv, 13.)

A votre âge, mon enfant, on est insouciant; on ne pense guère au lendemain. On est un peu semblable à l'oiseau qui vole de branche en branche, chante et vit au jour le jour.

Or rien n'est plus désastreux que cette indifférence, ou plutôt cette imprévoyance. Le présent n'est plus qu'une nécessité qu'on subit; les efforts pour le bien sont nuls, et le caractère, sans lequel l'homme n'est rien ici-bas, s'amollit de plus en plus et devient incapable de résistance, si faible soit-elle.

Ne dites jamais de votre avenir : « J'ai bien le temps. »

Non, mon enfant, car l'avenir ne vous appartient pas. Il dépend du sérieux avec lequel vous l'envisagez dans le présent, et il sera ce que vous l'aurez fait à la colonie. Êtes-vous obéissant, travailleur, chrétien, désireux de bien faire? votre avenir est assuré. Au contraire, êtes-vous révolté, paresseux, insensible aux reproches, toujours en défaut, indifférent à la religion? votre avenir sera misérable. Vous emporterez au dehors les mauvaises habitudes auxquelles vous vous serez livré, et il ne restera de vos années mal employées que l'incapacité au travail et au bien.

Dès lors le nécessaire à la vie vous manquera. Vous ne trouverez pas de patrons assez imprudents pour vous garder, après s'être renseignés. Victime de vos fautes et de vos défauts enracinés, vous serez privé de travail et livré à la misère, qui ne conseille jamais que le mal.

Ne dites pas que vous vous corrigerez plus tard, et qu'en face du besoin futur vous saurez retrouver l'honnêteté et l'énergie du bon ouvrier. Non, mon enfant! Le cœur et la volonté de l'homme sont, dans l'âge mûr, ce qu'ils ont été dans l'enfance et dans la jeunesse; et si on ne s'est pas corrigé quand on en avait la facilité, on ne s'amendera pas quand il faudra songer à autre chose.

Mettez donc en pratique cette sainte parole : « Pendant que nous en avons le temps, faisons le bien. » (Ép. de saint Paul aux Galates, vi, 10.) Vous ne savez pas ce que Dieu vous réserve. La mort est quelquefois plus proche qu'on ne pense. Préparez-vous donc en faisant le bien; car, à défaut de l'avenir de la vie, il y a toujours l'avenir de l'éternité.

LA RELIGION

Par ignorance et surtout par mauvaise foi, un grand nombre de chrétiens se persuadent aujourd'hui que Dieu, en leur imposant la Religion, les a chargés d'un fardeau trop lourd, et ils la considèrent comme un embarras de la vie dont il faut se passer en la rejetant. Et on les voit abandonner ouvertement les pratiques qu'elle impose, se tenir à son égard dans une indifférence criminelle, ou n'accepter qu'à contre-cœur et sans persuasion ses obligations les plus rigoureuses.

C'est là une déplorable erreur, et dont les conséquences sont plus déplorables encore.

En effet, la Religion est le plus grand bienfait que Dieu ait pu faire à l'homme. Il est d'autant plus facile de le prouver, que tout nous le démontre : notre origine et notre fin.

C'est Dieu qui nous a créés. Cette vérité ne se prouve pas ; elle s'impose par son simple énoncé.

Or, si Dieu nous a créés, il faut absolument qu'il y ait entre lui et nous un lien qui nous unisse, nous mette en communication nécessaire et réciproque, comme le lien qui existe entre le père et son enfant.

Ce lien, c'est la Religion.

Dans le sens chrétien où nous devons l'entendre, la Religion a pour but de nous faire comprendre, accepter et pratiquer nos devoirs, et de nous récompenser de nos efforts en nous rendant le ciel, que nous avons perdu par notre faute.

Vous avez appris dans votre catéchisme qu'un jour Adam, notre premier père, après avoir désobéi à Dieu, fut chassé du paradis terrestre, condamné aux misères de la vie et à la mort. Touché de son infortune, le divin Créateur ne voulut pas l'abandonner dans son châtiment. Il lui promit un Sauveur, qui fut Notre-Seigneur Jésus-Christ. Rédempteur de l'homme, le Fils de Dieu renoua le lien qui le rattachait au ciel et que le péché avait brisé. A partir de ce moment ce lien devint plus solide que jamais. C'est lui qui entoure de ses nœuds notre pauvre nature, comme pour la soutenir dans ses faiblesses et la relever après ses chutes. Au moyen de grâces nombreuses qui ne nous font jamais défaut, nous pouvons, si nous le voulons, demeurer dans la vie honnêtes, vertueux, courageux; en un mot, de vrais chrétiens. Ce qui est pour nous la source du seul bonheur en cette vie et l'assurance du grand bonheur de l'éternité.

Est-ce donc peu de chose que cette institution admirable, faite uniquement dans nos intérêts et pour notre plus grand bien ? Il faut être volontairement aveugle pour qu'elle passe inaperçue, quand tout nous la montre. Il faut que la volonté et le cœur soient bien indifférents et bien viciés, pour ne pas en sentir le besoin ou pour en rejeter les bienfaits.

La Religion est donc nécessaire.

Établie par Dieu sur son autorité de Créateur, sur ses droits de Père et sur la nécessité où l'homme se trouve de le chercher, comme sa fin dernière, et de s'appuyer sur lui comme sur son soutien naturel, la Religion a toujours été une, et jamais elle n'a varié, malgré ses développements successifs. Impossible à l'homme de s'y soustraire sans cesser d'être sincère ; car, quoi qu'il fasse, quoi qu'il dise, Dieu restera toujours son maître, son Créateur et son Père.

Les hommes sérieux se sont tou-

jours rendus à cette vérité, et si
aujourd'hui, comme autrefois, il en
est qui refusent de se soumettre à ses
conséquences, c'est qu'ils se mentent
à eux-mêmes ou qu'ils cherchent à
tromper les autres.

Un jour, un homme du monde dis-
cutait avec un évêque sur l'impossi-
bilité où il se trouvait de pratiquer
la religion, parce que, disait-il, il ne
croyait pas à ses doctrines et à sa
nécessité. D'ailleurs, ajouta-t-il, il
avait autre chose à faire, et l'incon-
duite de son fils, les désordres dans
lesquels il vivait, son insubordination
lui donnaient bien assez de soucis
sans en chercher au dehors.

« Mais, monsieur, lui dit l'évêque,
est-ce qu'il y a entre un fils et un
père des relations nécessaires qui
obligent l'un à commander et l'autre
à obéir?...

— Comment, Monseigneur, en dou-
tez-vous? Ne suis-je pas celui qui

avant tous les autres doit diriger la conduite de mon fils et lui imposer des volontés?

— Mais, monsieur, votre fils ne vous-reconnaît peut-être pas ce droit?

— Encore une fois, Monseigneur, ce serait contre toutes les lois, contre la nature même.

— Vous croyez donc, monsieur, qu'entre votre fils et vous il y a des rapports nécessaires, que vous avez le droit de lui commander, et que son devoir, à lui, est de vous obéir, de vous respecter; que, s'il y manque, il est coupable; que ce n'est pas une affaire de convention, mais sacrée, fondée sur votre qualité de père et sur sa qualité de fils? Vous croyez tout cela?

— Si je le crois!...

— Eh bien! monsieur, changez les noms; à votre place mettez Dieu, à la place de votre fils mettez-vous vous-même, et vous aurez acquis la certitude que la Religion est nécessaire. »

Sur son lit de mort, Casimir Périer, ministre de Louis-Philippe, déplorant amèrement ses erreurs passées, s'écria : « La Religion, voilà ce qui est important. Il n'y a que cela de bon sur la terre! C'est un grand malheur qu'on ait oublié la Religion; on ne sait ce qu'on a perdu. »

Et s'adressant à son médecin :

« Qu'est-ce que vous en pensez, docteur? Aimez-vous la Religion? »

Le médecin lui ayant répondu qu'il n'avait pas le temps de la pratiquer :

« Vous avez tort, reprit vivement le malade, vous vous en repentirez plus tard. Sans la Religion, rien. C'est moi qui vous le dis. »

LA PRIERE

Chaque matin et chaque soir vous récitez avec vos camarades la prière du chrétien. Est-ce une simple formalité qu'on vous impose, et devez-vous vous y soumettre comme à une occupation vulgaire qui ne mérite de votre part qu'une attention extérieure? Non, mon enfant!

Si, d'après les réflexions précédentes sur la Religion, vous êtes convaincu de la nécessité de la pratiquer, le premier devoir qu'elle vous impose est celui de la prière. — Or tous les devoirs qui vous obligent envers Dieu doivent être traités avec le respect, l'attention et la piété que des hommes faibles et pécheurs comme nous doivent ressentir en face de leur Créateur et de leur Juge.

N'oubliez jamais cette vérité, et

commencez à y conformer votre conduite dans la façon dont vous faites
vos prières.

En effet, la prière est une élévation de notre âme vers Dieu pour
lui exposer nos besoins et lui demander ses grâces.

Avec la prière nous demandons
audience à Dieu, et Dieu nous l'ac-
corde bien volontiers.

Cette simple réflexion ne vous fait-
elle pas comprendre de suite les
sentiments que vous devez avoir
quand vous priez, et combien sont
déplacés les rires, les causeries ou
tautes autres distractions auxquelles
vous vous livrez peut-être pendant
les courts instants de la prière?

Que diriez-vous d'un homme malheureux, misérable même, auquel un
souverain de la terre daignerait ac-
corder audience, et qui, tout en lui
exposant l'objet de sa requête, se
dissiperait et s'occuperait de tout,

excepté de la grâce qu'il vient solliciter? Vous le traiteriez d'insensé, et
vous le jugeriez indigne de commisé-
ration. Bien plus, vous applaudiriez
au juste ressentiment du souverain,
blessé dans sa dignité, et au châtiment infligé au coupable.

Qui donc êtes-vous vis-à-vis de
Dieu, quand vous le priez? Un pécheur, un malheureux, un indigent
qui a besoin de miséricorde, de pardon et de grâces. Pourquoi dès lors
traiter avec lui sans plus de respect
et d'attention?

Si donc Dieu, toujours patient, ne
se rebute pas; si malgré vos ingrati-
tudes il ne vous châtie pas, ne vous
prévalez pas de sa longanimité, mais
reconnaissez que rien n'est plus juste
que de réparer votre ingratitude passée par une piété plus intelligente et
plus recueillie.

Concluons que vos prières, si souvent mal faites, sont un des plus

graves défauts de votre vie. En effet, elles privent votre âme de la respiration nécessaire à son existence et à son développement. Et de même que le corps a besoin de respirer l'air pour vivre et se fortifier, ainsi notre âme a besoin de la prière pour se soutenir et pour se sanctifier.

LA SAINTE MESSE

Il est nécessaire, mon cher enfant, de vous bien pénétrer des vérités qui vont suivre. Elles sont importantes entre toutes, car elles ont pour but de vous rappeler une des doctrines les plus touchantes de notre religion catholique, en même temps qu'un des principaux devoirs de votre vie.

Jésus-Christ et l'Église vous font une *obligation formelle* d'assister chaque dimanche au saint sacrifice de la messe. C'est une pratique qui s'impose sous peine de *péché mortel,* à moins que vous en soyez légitime-ment empêché.

A la colonie, ce précepte trouve son application facile. C'est dans le but de répondre à son obligation qu'on vous conduit chaque dimanche à la chapelle.

Mais ne croyez pas qu'il vous suf-fise d'être présent de corps aux céré-monies qui se déroulent sous vos yeux pour être en règle avec votre conscience... Ce serait admettre une erreur coupable, et ne voir dans le sacrifice divin qu'une formalité ordi-naire à laquelle vous vous soumettez parce que le règlement vous y oblige.

Il y a dans l'assistance à la sainte messe un acte beaucoup plus sérieux et bien plus imposant. D'abord c'est un devoir de religion que vous rem-plissez, et puis c'est l'action la plus divine de la religion à laquelle vous prenez part.

Donc, attention et piété, tels sont les sentiments qui doivent vous animer pendant cet exercice.

Avez-vous bien pensé, mon cher enfant, que pendant la Messe vous assistez au sacrifice du corps et du sang de Notre-Seigneur Jésus-Christ, offert à Dieu par le ministère du prêtre, sous les apparences du pain et du vin? Avez-vous compris que ce sacrifice est le même que celui de la Croix; que c'est le même prêtre, la même victime dont le sang coula sur le Calvaire et coule encore sur l'autel pour la rémission des péchés des hommes?

A l'époque de votre première communion, on vous enseigna cette vérité. Bien des fois depuis on vous l'a répétée, dans les instructions religieuses et dans les conférences de chaque semaine. Mais la routine, l'habitude ont peut-être effacé ce souvenir, et s'il reste dans votre pensée une idée vague des enseignements de la foi, votre conscience et votre cœur n'en sont plus assez pénétrés. Voilà pourquoi je vous les explique à nouveau dans ce petit livre, qui doit vous aider à suivre les diverses parties de la Messe et vous faciliter l'accomplissement de ce grand devoir.

Oui, mon enfant, à la Messe, c'est Jésus-Christ qui s'immole réellement et véritablement. C'est lui qui prie, c'est lui qui expie, c'est lui qui rend grâces. Le prêtre ne lui fournit que son ministère; mais, encore une fois, c'est lui, lui seul, notre Rédempteur, notre Sauveur, qui agit et se sacrifie.

Quelle grâce pour vous, et aussi quel bienfait! Jamais vous ne saurez trop le reconnaître et vous appliquer à en profiter.

Suivez donc la sainte Messe avec la plus grande dévotion. Au commencement de ce petit livre, vous trouverez toutes les prières qui concordent avec les diverses parties du sacrifice. En les lisant attentivement et avec foi, vous aurez suffisamment rempli votre devoir, et vous sortirez de l'office plus résolu et plus chrétien, grandi aux yeux de Dieu et de votre conscience.

LA SOUMISSION — LE RESPECT

Vous ne serez pas surpris, mon cher enfant, de me voir proposer à vos méditations un sujet aussi nécessaire et aussi important que celui de la *soumission* et du *respect*. Votre situation à la colonie l'impose, et rien n'est plus avantageux pour vous que d'y conformer votre conduite.

Obéir, c'est soumettre sa volonté à une volonté supérieure.

De tous les obstacles à votre relèvement moral, la volonté personnelle, l'insubordination, sont assurément

des plus dangereux. On peut être
dépouillé de tous les biens terrestres,
on peut se corriger des défauts in-
times, en considérant le dommage
physique et moral qu'ils entraînent;
toujours la volonté propre demeure,
et il faut souvent, pour qu'elle soit
dirigée vers le bien, qu'elle se re-
nonce elle-même. Ce renoncement
est pénible, cruel parfois, car c'est à
notre volonté et à notre liberté que
nous tenons le plus.

La faute qui vous a conduit à la
colonie est surtout l'insoumission.
Qu'elle se soit manifestée contre l'autorité paternelle ou celle de la loi,
elle a existé. De là, le châtiment. Et,
pour réparer le délit, on vous a placé
sous une autorité légale, et c'est elle
qui a sur vous les droits et le pouvoir que vous lui connaissez.

Souvent, dans le cours de mes instructions, j'ai attiré votre attention
sur cette vérité, et j'ai cherché à

vous en inculquer les conséquences pratiques, en déterminant exactement le profit que vous pouvez en retirer.

Laissez-moi résumer ces enseignements dans les quelques lignes qui vont suivre :

Tous, qui que nous soyons, nous devons nous soumettre. Or, partout, aujourd'hui, et dans tous les rangs de la société, il y a un souffle pernicieux qui les agite et qui les empoisonne : c'est la révolte. Révolte envers Dieu, d'abord. On ne le reconnaît plus dans son autorité. Ses préceptes sont regardés comme un fardeau trop lourd pour les forces humaines, et on cherche à s'en débarrasser. Sans trop savoir pourquoi, on tente par tous les moyens de se soustraire à des lois qui pourtant n'ont été créées que pour notre bien.

Et Dieu, lui, ne s'est-il pas soumis à ce qu'il nous commande avant de nous y obliger? Et alors n'a-t-il

pas droit, après ce qu'il a fait pour
nous sauver, de nous demander une
soumission facile, étant donné qu'il
se charge de nous aider à l'accepter?

Eh quoi! mon enfant, un Dieu sera
venu sur la terre pour vivre des souf-
frances de notre humanité, il se sera
abaissé jusqu'à obéir à un homme,
son père nourricier, et à une Vierge,
sa mère, et nous ne voudrions pas
nous soumettre à lui?

Un Dieu aura vécu de la sorte pendant trente-trois ans, il aura senti
peser sur lui tous les mépris de l'humanité, il aura tressailli sous les
coups, les opprobres, les malédictions, les blasphèmes; il aura rougi
sous l'affront d'un soufflet qui lui fut
appliqué par un valet de Caïphe; il
aura enduré tous les tourments d'une
agonie sans exemple et d'un supplice
le plus ignominieux, et tout cela
pour nous, par obéissance à son

Père, et nous, nous refuserions de nous soumettre à lui ?

Mon enfant, comprenez les droits de Notre-Seigneur Jésus-Christ à votre obéissance, et vous ne tarderez pas à la lui donner.

Et vous vous soumettrez non seulement à ses commandements, mais aussi à ceux qui détiennent auprès de vous son autorité, c'est-à-dire à vos chefs.

Voilà le grand point autour duquel roule toute votre vie à la colonie.

Pourquoi donc le sentiment qui le premier s'empare de vous en y entrant est-il celui d'une répulsion pour l'agent qui vous commande, soit à la *famille*, soit à l'*atelier* ?

Sans doute cet agent a pour mission de veiller sur vous, de vous réprimander ou de vous corriger, si vous fautez ; mais pensez-vous qu'il exerce ce pouvoir uniquement dans le but odieux de vous poursuivre et

7

de vous tyranniser ? Non, mon enfant, mille fois non ! Ceux qui s'entretiennent dans cette erreur sont, la plupart du temps, des enfants au caractère indiscipliné et dont la conduite est si souvent répréhensible, que leurs surveillants sont forcés de les garder à vue et d'employer à leur égard les sévérités réglementaires. Autrement vos chefs sont loin d'être exigeants, et il faut leur rendre cette justice qu'ils vous traitent avec autant de bienveillance que vous en méritez par votre attitude.

Vous ne voudriez pas, je le suppose, qu'on vous laissât languir dans les mauvaises habitudes prises et dans les défauts reconnus qui vous ont valu les réprimandes de la justice ? Vous avez le désir de sortir de la colonie avec toutes les qualités qui font l'honnête homme et tous les moyens indispensables à la vie de travail et d'honneur qui vous attend.

Laissez-vous donc diriger dans cette voie, et pour cela votre soumission entière est absolument requise. Tous vos efforts, combinés avec ceux des hommes qui travaillent ici à votre relèvement moral, demeureront sans effets, s'ils ne sont pas accompagnés de votre bonne volonté. Avec cette bonne volonté, au contraire, les natures les plus rebelles sont transformées, et elles ne tardent pas à se rendre aptes à l'accomplissement des plus grands devoirs.

LE RESPECT

Avec la soumission vous aurez nécessairement le respect.

Le respect, c'est la manifestation extérieure de la soumission.

Vous le devez à vos chefs, quels qu'ils soient.

Vous avez trop bon esprit pour ne

pas admettre qu'il a sa place marquée dans l'ordre moral au milieu duquel doit se dérouler votre vie.

Vous lui devez donc une large part d'attention, dans les relations qui vous unissent à vos chefs. Continuellement avec eux, il doit résulter de cette vie en commun quelque chose comme une religion naturelle, qui vous fait reconnaître en eux des supérieurs ayant droit à votre respect et à votre bienveillance. Croire que vous n'y êtes pas tenu, ce serait conclure que le soldat, à la caserne, n'est pas soumis au règlement des convenances militaires, et qu'il ne doit à ses chefs qu'une obéissance de commande, en dehors de laquelle la politesse et le respect n'ont plus raison d'être.

Or vous savez bien que ce n'est pas ainsi qu'on l'entend. L'officier, où qu'il soit en vue du soldat, a droit à son salut, et la loi punit sur-le-champ celui qui voudrait s'y soustraire.

Si, à la colonie, les articles d'un code pénal militaire ne vous obligent pas, vis-à-vis de vos supérieurs, à cette marque de soumission extérieure, à cette politesse vulgaire du salut, la nature nous en fait suffisamment comprendre la nécessité pour que vous ne tentiez pas de l'éviter. Et je ne saurais trop vous recommander cette habitude si facile des convenances, qui dénote chez ceux qui la pratiquent une intelligence et un esprit français.

C'est en s'accoutumant de bonne heure à se plier à ces petites exigences qu'on se prépare aux devoirs plus graves et plus étendus. Elles sont la garantie du bon ordre et de la prospérité, et, de même qu'une société civile se désagrège et ne tarde pas à crouler si le respect n'est plus observé chez elle, ainsi les infractions plus ou moins universelles à la discipline seraient, pour une institution comme la nôtre, une cause de faiblesse et d'amoindrissement.

Enfin, mon enfant, fortifiez-vous dans ces pensées : que le bonheur relatif dont vous pouvez jouir en ce monde se développera en raison de votre respect et de votre soumission. Le prophète l'a dit : « Il est bon de porter le joug dès sa jeunesse. » Toujours et partout l'obéissance à la règle, pratiquée de bonne heure, a préparé et façonné les hommes de devoir, et c'est à la discipline morale, plus qu'à tout autre progrès, que les nations et les individus sont redevables de leur force et de leur prospérité.

Permettez-moi de confirmer ces vérités par un trait de la vie du général Le Flô, mort dernièrement à Morlaix, dans le Finistère.

C'était un Breton de vieille race,

qui portait dans son cœur toutes les énergies et toutes les tendresses de son pays. Un jour qu'il était au quartier de sa garnison, accomplissant régulièrement et avec toutes les sévérités de la discipline militaire son devoir de sous-lieutenant, il fut accosté par un camarade de promotion qui voulut, ne fût-ce qu'un instant, le pousser à l'infraction de son service, sous prétexte qu'on ne s'apercevrait pas de son absence. Le Flô, sans provocation aucune, se retourne vers l'officier et lui dit : « Est-ce ici que je dois être ou là-bas, où tu veux m'entraîner? C'est ici, n'est-ce pas? Eh bien! j'y reste. As-tu donc oublié que je suis d'un pays où le sol est de granit et où les arbres sont des chênes? Et tu sais bien que le granit n'est bon qu'à faire les fondements ou les nervures d'un édifice, et qu'il est impossible de le broyer de manière à en faire le sable que l'on foule aux pieds. Tu sais bien que le chêne est un arbre qui ne ploie jamais. Eh bien, camarade, je veux être comme le granit de mon pays. La patrie peut me prendre pour la soutenir et la défendre ; mais je ne permettrai jamais à personne de faire de mon honneur et de mon devoir une poussière que l'on foule aux pieds. Je veux être comme le chêne, je ne plierai jamais que devant la discipline et devant Dieu. »

Et sur ces mots le lieutenant Le Flô retourna à son service, laissant honteux et sans réplique le tentateur vaincu.

Mon enfant, sans être Breton, vous êtes d'une patrie, de la grande patrie chétienne qui a pour sol la foi et pour arbres les vertus. Nourrissez l'une pour faire germer les autres, et vous saurez résister à la tentation, réprimer vos mauvais instincts, repousser ceux qui voudraient vous entraîner au mal ; vous saurez vous soumettre à Dieu et à ceux qui, pour vous, tiennent sa place sur la terre.

LE TRAVAIL

« L'homme est né pour travailler, comme l'oiseau pour voler, » dit l'Esprit-Saint. (Livre de Job.)

Voilà pourquoi rien ne nous dispense du travail, quelle que soit la situation que nous occupions sur la terre.

Cette loi, commune à tous les hommes, s'imposa à Notre-Seigneur Jésus-Christ tant qu'il vécut en ce monde, au point qu'il voulut être ouvrier pendant trente ans et ne se nourrir que du pain qu'il gagnait à la sueur de son front.

N'eussions-nous que cet exemple,

qu'il suffirait à nous démontrer l'utilité et la nécessité du travail.

Voyez-vous, mon enfant, comment cette loi que vous devez subir se présente à vous avec toute la sanction que le Fils de Dieu fait homme lui a donnée? Ouvrier, c'est-à-dire travailleur, il ne voulut point vivre sous le toit paternel en simple rêveur; mais il tint à s'associer chaque jour aux labeurs de la famille. Il subit d'abord l'apprentissage d'un métier qu'il connaissait d'avance, dans sa science divine, et il ne dédaigna pas de meurtrir ses mains, comme celles des enfants du peuple, dans le maniement des outils. En même temps que ses forces augmentaient avec l'âge, il se pencha, comme le manœuvre, sur l'établi du charpentier, se fatiguant, sans mot dire, jusqu'à la fin du jour, où le salaire et la tâche accomplie lui permettaient de prendre un repos justement mérité.

Quelle leçon, mon enfant! Puissiez-vous la comprendre!

A la colonie, où votre vie est toute faite de travail, vous avez à chaque instant l'occasion d'étudier et la facilité de lui demander des conseils.

Elle vous dira que rien ne grandit comme la dignité du travail. Si vous tenez à vous relever, — et c'est, j'en suis sûr, votre plus grand désir, — vous ne trouverez pas de plus puissant auxiliaire que votre outil de travailleur. Soit dans les champs, soit à l'atelier, rappelez-vous que c'est là que vous vous mettez à même de gagner votre vie plus tard, et que le travail vous fournit le moyen d'arriver à la véritable honnêteté, celle qui jouit du fruit de ses sueurs.

Quand l'ennui ou la fatigue d'un travail pénible viennent courber vos corps sur le sillon ou sur la tâche imposée, souvenez-vous que, plus tard, vous ne devrez qu'à cette souffrance momentanée le repos, et la satisfaction légitime du devoir accompli.

Enfin, quand le reproche ou le commandement vous relancent et vous rappellent à l'ordre, n'oubliez pas que le travail est une expiation qui vous est imposée, et que le monde suit ici la loi de la miséricorde de Dieu, à savoir : que beaucoup de fautes sont pardonnées à celui qui a beaucoup travaillé.

Et puis, mon enfant, Dieu a mis en chacun de nous une somme de forces qui ont besoin de se dépenser d'une manière ou d'une autre. Voilà pourquoi celui qui ne les emploie pas au travail les dissipe dans les folies du vice et dans les exigences des passions. Le proverbe l'a dit : « La paresse est la mère de tous les vices. » Aussi quiconque est oisif ou paresseux devient fatalement vicieux, et c'est lui qui souffre le plus de cet odieux compromis, car son corps est bien plus vite usé quand il reste inactif ou se plonge dans l'ignominie que quand il se fatigue dans un travail honnête et sérieux.

Travaillez donc avec courage. Les travailleurs sont toujours estimés de Dieu et des hommes.

L'IMPURETÉ

En commençant mes réflexions sur ce sujet, j'ai besoin, mon cher enfant, de compter sur votre bonne foi pour en bien saisir la nécessité, et sur votre bonne volonté pour profiter de leurs enseignements.

Hélas! ce péché si commun parmi la jeunesse est sans contredit celui qui cause le plus de malheurs, et dont les conséquences sont les plus difficiles à réparer; car c'est à lui que tous les autres se rattachent, comme à leur centre et à leur racine.

Quand ces habitudes vicieuses se sont emparées d'un corps et d'une âme, elles leur enlèvent toute leur énergie, et elles les entraînent fatalement dans la boue et dans la corruption.

Alors c'est la paresse qui chasse le goût du travail.

C'est la répulsion de tout ce qui est saint, juste, vrai et pur.

C'est le mensonge qui se cache partout, dans la conduite, dans les paroles et jusque dans les résolutions que font prendre parfois les châtiments et les reproches cent fois mérités.

C'est le vice qui domine la nature et qui en chasse jusqu'à la plus vulgaire honnêteté.

Je sais bien qu'au moment où vous prenez ces résolutions vous avez souvent l'intention de les tenir; mais, reprise par les mauvais penchants, votre âme ne tarde pas à trouver trop lourd le joug qu'elle s'est imposé, et avec les fautes nouvelles reviennent les mêmes désordres et les mêmes révoltes.

Que de fois ne vous ai-je pas entendu dire, quand je vous interrogeais sur telle ou telle faute qui vous avait conduit en cellule ou au quartier : « Je voudrais bien me corriger, mais c'est plus fort que moi; je ne puis résister. »

Pauvre enfant! à votre âge, en être réduit à demeurer l'esclave de ces fatales passions qui ruinent tout ce qu'il y a de plus grand dans l'homme : l'intelligence, la volonté, le cœur! Le triste état dans lequel vous vous trouvez n'est-il pas assez inquiétant pour vous faire comprendre que si vous ne résistez pas, vous serez perdu sans retour?

C'est lui qui vous fait briser avec la vertu.

C'est lui qui vous enlève la force morale et physique du travailleur.

C'est lui qui vous souille.

C'est lui qui vous ravale en faisant, de l'image de Dieu qui est en vous, un tableau déchiré dont vous froissez les débris et les lambeaux pour outrager le Créateur et le Rédempteur.

Enfin c'est lui qui condamne le plus de jeunes gens à la malédiction, au désœuvrement, à l'oisiveté, à la misère, au vice, souvent au crime, et, plus souvent encore, au malheur irréparable de l'enfer.

Les sentiments du cœur sont émoussés; ce vice les use et les empoisonne. Quand on y fait appel, ils ne répondent pas, et, s'ils entendent, ils n'ont plus la force de se relever jusqu'au niveau du bien.

Parlez à un jeune homme adonné à ce péché de son avenir, de son honneur, de sa santé même. Si ces pensées lui font un instant baisser la tête sous le poids de la honte et du remords, il recule devant le travail qu'il faudrait accomplir pour se remettre debout, et il est trop lâche pour l'entreprendre.

Rien ne lui fait impression. Le tableau qu'on lui trace des maladies et des infirmités qui le guettent, s'il ne se convertit pas; l'image de sa vie usée avant l'âge, et qui ne fera de lui, avant peu, qu'un décrépit et un impotent, tout cela reste sans résultat, et, dans ce désordre des sens et des facultés morales, tout sombre, en ne laissant à la malheureuse victime que le désespoir.

Un jour je fus appelé par mon ministère auprès d'un jeune homme de vingt-trois ans qui se mourait de la poitrine et qui, dans son regret de la vie, refusait toute consolation. J'arrivai chez lui, prévenu par sa mère, au moment où il venait de subir une de ces crises aiguës qui,

chez ces malades, sont les derniers
efforts de la vie. L'état d'abattement
dans lequel il se trouvait ne lui per-
mettait plus d'articuler une seule
parole ; mais il avait toute sa connaissance, et aux exhortations que
je lui adressais il répondait, inva-
riablement, par un signe de tête
négatif. En vain je lui rappelai sa
première communion. Je savais, par
sa mère, qu'il l'avait faite dans d'ex-
cellentes dispositions. En vain je lui
suggérai les pensées les plus propres
à ramener dans son esprit l'espérance
et le repentir. Rien ne parvenait à le
toucher.

Je revins le lendemain : même obs-
tination. Et comme, dans l'intervalle,
l'usage de la parole lui était revenu,
il ne s'en servait que pour maudire
sa destinée, et Dieu qui, disait-il, ne
devait pas permettre sa mort. Ou
bien il appelait à son secours tous
les désordres de sa vie passée, ne

regrettant qu'une chose, d'être trop tôt ravi à ses plaisirs et à leurs ignobles jouissances.

Sa pauvre mère, tout en larmes, essayait de lui parler de son amour maternel. Il la repoussait en la maudissant.

Chaque jour, pendant une semaine qu'il vécut encore, il resta dans le même désespoir. Ce ne fut que quelques heures avant sa mort qu'il sembla se calmer; mais la connaissance avait presque entièrement disparu, et, quand je lui administrai les derniers sacrements, je ne pus constater chez lui que de l'abattement, sans pouvoir me dire s'il était dû au repentir ou aux dernières étreintes de la mort.

Quoi de plus triste qu'un semblable dénouement à une pareille vie!

LE BLASPHEME

Parmi les conseils que contient ce petit livre, pourrais-je oublier celui que je vous ai donné tant de fois : de respecter toujours le très saint nom de Dieu? Il a trop de gravité, et l'habitude qu'il combat est trop enracinée pour qu'il n'ait pas sa place marquée dans ces réflexions.

Pourquoi, mon enfant, blasphémez-vous le nom de Dieu?

Vous me répondrez : « C'est par inattention; c'est par habitude! »

Inattention inconcevable, habitude déplorable.

Pour vous en convaincre, je veux vous redire ce qu'est le blasphème, considéré dans la formule imprécatoire si souvent exprimée de nos jours, et qui contient à l'adresse du

Dieu tout-puissant la plus révoltante injure.

Le blasphémateur attaque Dieu directement et en face; il l'attaque avec cette même langue que le Seigneur lui a donnée pour le bénir; il attaque le Dieu de toute bonté, qui lui conserve la vie et qui répand sur lui toute sorte de faveurs; il l'attaque par un excès de méchanceté, sans retirer de son crime ni honneur, ni profit, ni plaisir.

Que gagne-t-il, le malheureux qui blasphème, par ces paroles abominables? En est-il plus estimé, plus considéré? Y trouve-t-il quelque avantage temporel? Ses maux sont-ils adoucis? Sa misère est-elle allégée? Non, ce vice maudit ne fait qu'aggraver sa situation. (Catéchisme de Rodez.)

Quel plaisir peut-on ressentir à outrager ainsi le Seigneur qui nous a créés? Aucun. Ni joie, ni satisfaction, ni gloire, ni supériorité. Rien, absolument rien.

Et dire qu'aujourd'hui un nombre incalculable d'hommes, de jeunes gens, d'enfants même, se font une sorte de gloriole de pratiquer cette monstruosité!

Rien ne prouve mieux la disparition de la foi dans les âmes que cette habitude, et il faut que le niveau moral ait bien baissé, pour qu'on en soit arrivé à se targuer du blasphème comme d'une nécessité, quand on vit dans un certain milieu. Et tel croira n'être pas à la hauteur des idées actuellement répandues, qui quinze ou vingt fois dans une conversation ne se permettra pas d'insulter le nom de Dieu. C'est horrible!...

Car c'est le crime le plus grave qui se puisse commettre. Il l'emporte en horreur sur tous les autres, qui, s'ils outragent la divinité, ne s'attaquent pas directement à la majesté de Dieu. On ne peut donner une idée de sa malice qu'en le comparant aux injures que les bourreaux de Jésus-Christ lançaient du pied de la croix à la divine Victime, quand ils riaient de ses supplices et niaient sa divinité.

Autrefois, dans la loi juive, Dieu avait ordonné que les blasphémateurs fussent lapidés par le peuple. Il est vrai qu'à l'ordinaire Dieu n'use pas à notre égard d'une telle rigueur. Mais n'oublions pas que la malédiction retombe toujours sur celui qui la jette vers le ciel, et que le blasphème est la source de bien des ruines pour les individus, pour les familles et pour les nations. Dans tous les cas, si le souverain juge épargne le coupable pendant sa vie, il l'attend à l'heure de la mort.

Que de fois aussi Dieu a châtié, sur-le-champ, ceux qui le maudissaient! Les exemples de sa justice ne sont pas si rares pour qu'on puisse les mépriser, et on a vu maintes fois les insensés qui se livraient à cette exécrable habitude, en comptant sur l'impunité, frappés subitement par le Dieu vengeur.

Je sais bien que la plupart des jeunes gens qui blasphèment n'ont pas à la pensée la gravité de la faute qu'ils commettent, et que leurs paroles n'ont pas l'intention de mépriser Dieu.

Qu'importe! L'habitude a été coupable dans sa source, et celui qui s'y livre, entraîné par elle, n'est pas justifié par ce fait; et il doit d'autant plus s'efforcer de la vaincre, qu'elle tendra à s'accroître avec l'âge, encouragée par l'indifférence et la mauvaise volonté.

Ne dites jamais qu'il vous est impossible de vous corriger d'un tel défaut. Cela équivaudrait à prouver

que vous ne le voulez pas. Dès lors
la culpabilité, loin de diminuer, s'ag-
graverait encore, et vous n'auriez
plus aucun droit à la miséricorde de
Dieu.

Enfin la colère n'est pas une excuse.
Dieu n'est pas la cause de vos empor-
tements, et alors rien n'est plus
injuste que de tourner contre lui vos
malédictions. Sa loi, ses grâces, la
vie qu'il vous a donnée et qu'il vous
conserve, sont autant de bienfaits
dont vous devez le remercier; et je
vous mets au défi de trouver dans
votre vie un seul instant où ce Dieu
que vous insultez n'ait pas été pour
vous le meilleur des pères.

LA CONFESSION

Le pardon d'une faute est, sans
contredit, une des plus grandes joies
qu'éprouve le cœur coupable. Au

simple point de vue naturel, l'enfant la ressent dans la famille, quand, après avoir mérité les reproches de son père, il retrouve sa miséricorde, qui l'assure de l'oubli du passé. Le criminel, qui parvient à toucher le cœur de son juge et à en arracher le pardon, tressaille de bonheur, et l'ingrat, dont la reconnaissance a méconnu le bienfait et encouru la colère du bienfaiteur, reprend courage devant la générosité.

Dieu, qui a façonné nos cœurs, a compris le bonheur du pardon pour eux quand il a institué la confession, et jamais joie plus pure n'a été plus sûrement ressentie par un pécheur que celle qu'il a trouvée auprès du prêtre qui l'a bénit et absous au nom de Jésus-Christ.

Et puis, comme le tribunal divin est bien composé pour procurer cette joie intime!

Là, rien qui rappelle les tribunaux

de la terre et les jugements de la
justice humaine; nul appareil formi-
dable, ni soldats, ni accusateurs, ni
témoins. Des reproches? Sans doute
ils sont nécessaires parfois, mais
c'est toujours avec la plus grande
bienveillance qu'ils sont exprimés, et
ils ne passent jamais sur les lèvres
du prêtre qu'après s'être imprégnés
de la bonté paternelle de Dieu. La
pénitence qu'on vous impose est si
légère, si disproportionnée avec le
nombre et la gravité des péchés, que
vous en êtes surpris. C'est qu'au tribunal de la pénitence, Dieu est bien
plus un père qu'un juge, et, chose
plus étrange encore, personne ne
s'interpose entre vous et lui; vous
êtes vous-même votre accusateur, et
c'est sur votre parole que vous êtes
jugé.

Dieu ne vous demande qu'une chose
quand vous vous confessez : la sincérité, la franchise. Ne lui cachez rien,

il fera le reste. Quoi de plus facile, surtout quand on songe au profit de son accusation et à la grande condescendance du souverain juge, qui ne voit que le désir de mieux faire et le regret d'avoir mal fait, pour nous pardonner !

N'objectez rien à la volonté de Dieu. Ni vos rechutes, ni vos fautes trop nombreuses, ni la faiblesse de votre nature, ni la difficulté apparente de vous corriger, rien de tout cela ne doit vous éloigner de cette pratique salutaire.

Les rechutes? Dieu sait que nous tombons facilement, et il ne nous invite à la confession que pour nous pardonner et nous fournir la grâce de la force dont nous avons besoin.

Le nombre de nos fautes? Quand bien même elles seraient plus nombreuses que les étoiles du firmament, la miséricorde de votre juge n'a pas de limite et peut les pardonner.

Votre faiblesse? la difficulté de vous corriger? Essayez le remède, et vous en éprouverez la puissance. Demandez-lui l'appui désiré, et les obstacles qui vous paraissent infranchissables seront bientôt abattus.

Aussi, mon cher enfant, quand les grandes solennités de l'Église vous appellent au pardon, ne manquez pas de vous y rendre. Vous vous relèverez plus fort, plus courageux, et vous aurez fait un pas de plus dans le chemin de l'honnêteté et de la vertu.

LA COMMUNION

Nous trouvons dans le saint Évangile un commandement doux et précieux entre tous les autres qui nous prouve, d'une façon touchante, la bonté miséricordieuse du Sauveur à notre égard. C'est celui qui nous oblige à communier.

La communion, voilà la grande obligation chrétienne, et bien malheureux ceux qui ne la comprennent pas.

Tâchez, mon enfant, de vous en bien pénétrer, pour qu'elle soit, dans votre vie, une pratique à laquelle vous ne manquiez jamais.

Lorsque le divin Sauveur, en nous offrant le pain qu'il vient de changer en son corps, nous dit : « Prenez et mangez, » il ne nous adresse point une simple invitation que nous puissions refuser, sans courir d'autres risques que de manquer aux convenances chrétiennes ; c'est un ordre auquel il faut obéir.

Voilà qui est clair. La communion est un devoir, et vous serez fatalement condamné si vous ne l'accomplissez point. « Si vous ne mangez point ma chair, vous n'aurez point la vie éternelle. » (Saint Jean, VI, 54.)

Le divin Maître n'a point fixé l'é-

noque de ce repas sacré. C'est l'Église
qui, sous son inspiration et en considérant le relâchement des chrétiens, les a obligés à communier au
moins une fois l'an, au temps de
Pâques.

Sans doute l'Église et Notre-Seigneur Jésus-Christ désirent que nous
ne nous en tenions pas à cette stricte
obligation, et ils nous invitent à nous
approcher, le plus souvent possible,
de la table eucharistique. Voilà pourquoi, aux plus grandes fêtes de l'année, on vous réitère cette invitation,
et on vous facilite tous les moyens
d'y répondre.

C'est pour vous, mon enfant, un
bonheur inappréciable. En effet, Jésus-Christ, qui ne fait acception de
personne, ne considère pas, dans celui
qu'il appelle, la richesse ou la situation humaine. Tous sont conviés, le
riche comme le pauvre, le puissant
comme le faible. Au contraire, c'est

à ceux qui souffrent, qui pleurent ici-
bas, qui se courbent plus doulou-
reusement sous le fardeau de la vie,
qu'il semble s'adresser particulière-
ment et qu'il dit : « Venez à moi,
vous tous qui souffrez et qui êtes
chargés, et je vous soulagerai. »

Pour ceux-là, le Jésus du tabernacle
a des prédilections, et il tient en
réserve ses grâces les plus abon-
dantes.

Ne refusez donc pas ses avances,
ne considérez pas votre indignité.
Ceux-là seulement sont indignes qui,
malgré les bontés de Dieu, l'outragent
sans cesse et ne veulent plus lui
demander pardon. Mais quand, puri-
fiés par la confession, on vous permet de communier, n'hésitez jamais,
et ne pensez plus qu'à demander à
Dieu la grâce de demeurer fermes
dans les résolutions que vous pren-
drez à la table sainte.

Oui, mon enfant, communiez autant de fois qu'on vous y invite. Alors les passions que vous sentez se révolter, les tentations qui menacent de vous rejeter dans le péché, se heurteront à la force invincible de la grâce quand elle est accompagnée de la bonne volonté.

Communiez, et le secours dont vous avez besoin, dans les faiblesses multipliées de votre vie, ne se fera pas attendre.

Communiez pour vous guérir, de peur que le péché, en s'invétérant dans votre âme, ne la rende incurable.

Communiez, et vous sentirez bien vite que ce qui vous paraissait impossible, insurmontable même pour redevenir probe, honnête et chrétien, sera facilité par l'action toute-puissante de Notre-Seigneur Jésus-Christ.

LA SAINTE VIERGE

En terminant les quelques conseils que contient ce petit livre, et qui tous sont destinés à votre bonheur en cette vie et dans l'autre, laissez-moi vous confier le secret de ne les jamais oublier et de les toujours pratiquer.

Ayez une très grande dévotion à la très sainte Vierge.

Vous souvenez-vous, mon enfant, qu'au beau jour de votre première communion, quand, au soir de cette belle journée, vous vous consacrâtes à la Vierge immaculée, en lui donnant le doux titre de Mère, l'émotion remplissait votre cœur, votre âme comblée de la grâce eucharistique avait les doux tressaillements de la foi, et vous vous sentiez heureux de ce bonheur que donne le bon Dieu à ceux qui participent pour la première fois à son festin sacré? Ce fut avec l'amour le plus ardent et la confiance la plus sincère que vous prîtes la Vierge Marie à témoin des serments solennels que vous veniez d'échanger avec Jésus-Christ.

Je vous ai vu alors recueilli, prosterné devant l'image sainte, répéter du fond du cœur la prière que vous lui adressiez, et, au nom de celle qu'on n'a jamais invoquée en vain, je vous promis sa toute-puissante protection.

Qu'avez-vous fait de ce souvenir? Il vous reste sans doute, avec toute la force de la mémoire que laisse dans une âme la journée bénie du premier communiant; mais l'avez-vous appelée à votre secours dans les moments pénibles des tentations et des découragements? Si oui, vous avez dû sentir qu'elle est toujours fidèle, la Vierge, votre Mère, et qu'elle

reste toujours la gardienne du cœur
que vous lui avez confié; sinon, vous
avez dû tomber, sous la poussée de
l'enfer, et trouver dans votre chute
les âcres amertumes du remords.

Voilà pourquoi, mon enfant, je
vous rappelle au passé, pour mieux
diriger votre avenir.

Priez la très sainte Vierge, et vous
ne vous perdrez jamais.

Que de raisons notre foi catholique
ne nous donne-t-elle pas pour appuyer
notre dévotion envers elle!

Personne ne peut mieux qu'elle se
faire entendre de Dieu. Les droits
augustes qu'elle possède sur celui
dont elle est la Mère, et qui lui obéis-
sait avec tant d'amour pendant sa
vie terrestre, ne sont pas perdus;
elle peut les faire valoir encore. Plus
le fils est puissant, plus la mère a de
gloire. Toute prière unie à la sienne,
en passant par son cœur maternel,
s'imprègne de son amour et de sa

purelé, entre victorieusement dans le cœur de Jésus-Christ et devient irrésistible.

De plus, elle est notre Mère. C'est au pied de la Croix que Jésus lui a donné ce droit, et a placé dans son cœur toute la délicate tendresse que le Créateur a donnée à toutes les mères en faveur de leurs enfants. Donc elle nous aime, nous protège, nous garde, et elle gémit quand, insensibles à ses avances, elle nous voit nous éloigner du devoir.

Enfin, sa mission divine sur la terre est d'apaiser la justice de son Fils, qui, irrité trop souvent de nos fautes multipliées et de nos révoltes incessantes, menace de nous châtier. Elle intercède, elle prie, elle implore, elle obtient miséricorde, jusqu'à l'heure définitive de la mort où son amour vigilant guette notre âme pour la présenter à Dieu.

Que de chrétiens ne doivent leur

salut qu'à sa bienfaisante interven-
tion ! Que de pécheurs ont retrouvé
par elle la paix de leur conscience et
le pardon de leurs fautes ! Que de
malheureux ont obtenu le bonheur
au pied de ses images et dans les
consolations de la prière qu'ils lui
adressaient !

Allez à la Vierge Marie, mon enfant : elle vous conseillera, elle vous
relèvera, elle vous sauvera.

PRIÈRE

Souvenez-vous, ô très pieuse Vierge
Marie, qu'on n'a jamais ouï dire qu'aucun de ceux qui ont eu recours à
votre protection, imploré votre assistance et demandé votre intercession,
ait été abandonné. Animé d'une pareille confiance, ô Vierge des vierges
et notre mère, je cours à vous, gé-

missant sous le poids de mes péchés, je me prosterne à vos pieds; ô Mère du Verbe, ne méprisez pas mes prières, mais écoutez-les favorable-ment, et daignez les exaucer.

FIN

TABLE

27677. — Tours, impr. Mame.